cómo orar

OTROS TÍTULOS DE C. S. LEWIS

reflexiones y ensayos

cómo orar

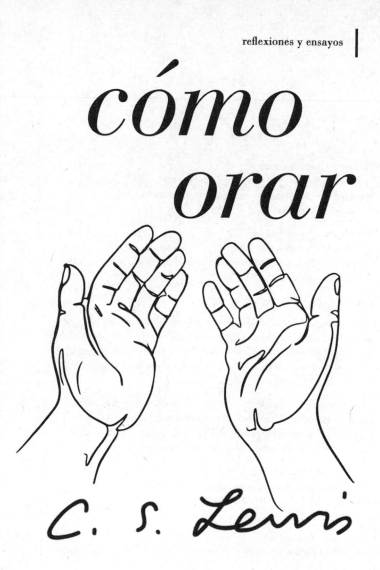

C. S. Lewis

GRUPO NELSON
Desde 1798

Editora en Jefe: *Graciela Lelli*
Traducción y compilación: *Juan Carlos Martín Cobano*
Adaptación del diseño al español: *Setelee*
Diseño: *Yvonne Chan*

ISBN: 978-1-40023-342-7
eBook: 978-1-40023-343-4

IMPRESO EN ESTADOS UNIDOS DE AMÉRICA

22 23 24 25 26   LSC   9 8 7 6 5 4 3 2 1

Señor, dicen que cuando parezco
estar hablando contigo,
como no respondes, es todo un sueño:
uno imitando a dos.
No les falta razón, pero no como
ellos imaginan; más bien, yo
busco en mí mismo las cosas que quería decir,
¡y mirad!, los pozos están secos.
Entonces, viéndome vacío, Tú abandonas
el papel de oyente, y a través
de mis labios muertos respiras y pones en palabras
pensamientos que nunca conocí.
Y así, ni tienes que responder
ni puedes; pues mientras parece que
hablamos dos, Tú eres Uno por siempre, y yo
no un soñador, sino tu sueño.

«Oración»,
Mientras cae la ruina y otros poemas

CONTENIDO

Contenido

Contenido

PREFACIO

C. S. LEWIS es ampliamente reconocido como uno de los principales defensores y divulgadores de la fe cristiana en el siglo XX, sobre todo a través de sus obras clásicas *Mero cristianismo, Cartas del diablo a su sobrino, Milagros, El problema del dolor,* entre otras. Lo irónico es que, en privado, Lewis solía manifestar que sus momentos de mayor debilidad venían justo después de haber defendido con éxito una idea o doctrina cristiana. Sin embargo, lo que lo sostenía era su compromiso de vivir las que él consideraba sus prácticas cristianas comunes: asistir a la iglesia, practicar la caridad y la hospitalidad, examinar sus motivos y acciones para combatir sus debilidades, confesar sus pecados y fortalecer aquello que lo necesitase. Y oraba.

No es de extrañar que un maestro de la fe cristiana orase con regularidad, y es fácil pasar por alto las habituales menciones a la oración en las numerosas cartas de Lewis a lo largo de los años. «Oraré por usted» suena a tópico, aunque frases como esta aparecen con frecuencia y regularidad en su correspondencia. Tomadas en conjunto, estas abundantes referencias revelan algo importante: que Lewis se tomaba en serio su práctica de la oración. Si prestamos atención, pronto se hace evidente que Lewis tenía el compromiso de orar regularmente por otras personas, que tenía listas con dichas peticiones, dándoles seguimiento y actualizándolas a lo largo del tiempo, que tenía su propia lista de peticiones, que a menudo decía las plegarias tradicionales del libro de oraciones anglicano, y que practicaba muchas otras formas de oración además de las peticiones, y que solía dar consejos sobre cuestiones relacionadas con la oración. En su obra publicada, el tema de la oración aparece con regularidad. En otras palabras, Lewis pasó mucho tiempo practicando, pensando y escribiendo sobre la oración.

También está claro que a Lewis nada de esto le parecía algo digno de especial mención. En una carta breve de agosto de 1949, Lewis le decía a un amigo: «No siento que pueda escribir un libro sobre la oración: Creo que sería bastante "descarado" por mi parte». Evidentemente, cambió de opinión al comenzar a escribir dicho libro, aunque se publicó póstumamente como *Si Dios no escuchase. Cartas a Malcolm.* Pero, incluso en él, el énfasis está más en explicar cómo pensar en la oración que en proporcionar un manual sobre cómo orar (aunque algo de eso se filtra).

Con la publicación de este nuevo volumen titulado *Cómo orar*, sostenemos que lo que Lewis veía como algo sin importancia sigue siendo notablemente importante. Al leer los fragmentos incluidos aquí, queda claro que el compromiso duradero de Lewis con la práctica de la oración es lo que ayuda a explicar por qué sus enseñanzas tienen tanta profundidad y vitalidad incluso después de muchas décadas. Lewis nunca reduce la fe a meros problemas intelectuales o filosóficos. Al contrario, su labor apologética no era más que una dimensión de lo que él experimentaba como una realidad mucho más amplia, una realidad basada en una relación con el Dios vivo. Incluso las cuestiones relativas a la oración se presentan en el marco más amplio de este fundamento relacional.

En *Cómo orar* hemos tratado de recoger la sabiduría de Lewis acerca de la oración que salpica sus libros, ensayos, cartas y poemas, de todos los cuales hay constancia en este volumen. Dado que Lewis escribió como practicante vitalicio de la oración, sus palabras son a menudo sabias, sorprendentes y profundas, lo cual no sorprenderá a nadie que haya considerado antes a Lewis como guía y mentor cristiano. En aras de la coherencia y la cohesión, hemos retitulado los textos con preguntas sobre la oración a las que se podría decir que estos responden. Los títulos originales y las fuentes de los fragmentos se presentan en la página inicial de cada capítulo y al final del libro. En cada uno de los capítulos, encontrarán también extractos más breves sobre el tema expuestos en columnas destacadas. Estamos en deuda con Zachary Kincaid, que ha investigado y seleccionado estas piezas, y le agradecemos su minucioso trabajo. Al presentar este volumen esperamos que la gente no solo celebre a Lewis por lo que dijo sobre el cristianismo, sino también por cómo vivió como cristiano. Espero que al final del libro puedan decir amén a eso.

MICHAEL G. MAUDLIN
Vicepresidente sénior y editor ejecutivo de HarperOne

¿SE PUEDE DEMOSTRAR QUE LA ORACIÓN FUNCIONA?

HACE ALGUNOS AÑOS me levanté una mañana con la intención de cortarme el cabello para preparar una visita a Londres, y la primera carta que abrí me dejó claro que no tenía que ir a esa ciudad. Así que decidí aplazar también el corte de cabello. Pero entonces comenzó a sonar el más inexplicable regaño en mi mente, casi como una voz que decía: «Córtatelo igualmente. Ve a que te lo corten». Al final no pude aguantar más. Fui. Ahora bien, mi barbero de entonces era un colega cristiano y un hombre con muchos problemas al que mi hermano y yo habíamos podido

---

The World's Last Night (de «The Efficacy of Prayer»).

1

ayudar en ocasiones. En cuanto abrí la puerta de su tienda me dijo: «Oh, estaba orando para que vinieras hoy». De hecho, si hubiera ido un día más tarde, no le habría servido de nada.

Eso me maravilló; me sigue maravillando. Pero, por supuesto, no se puede demostrar con rigor una conexión causal entre las oraciones del barbero y mi visita. Podría ser telepatía. Podría ser casualidad.

He estado junto a la cama de una mujer que tenía el fémur carcomido por el cáncer y con metástasis en muchos otros huesos. Hacían falta tres personas para moverla en la cama. Los médicos le pronosticaron unos meses de vida; las enfermeras (que a menudo saben más), unas semanas. Un buen hombre le impuso las manos y oró. Un año más tarde, la paciente estaba caminando (cuesta arriba, además, a través de un bosque tupido) y el hombre que tomó las últimas radiografías decía: «Estos huesos son tan sólidos como la roca. Es un milagro».

Pero, una vez más, en rigor, no hay pruebas concluyentes. La medicina, como admiten todos los verdaderos médicos, no es una ciencia exacta. No es necesario invocar lo sobrenatural para explicar el error de sus pronósticos. No es necesario, a menos que lo elijas, que creas en una conexión causal entre las oraciones y la recuperación.

Entonces surge la pregunta: «¿Qué tipo de pruebas demostrarían la eficacia de la oración?». Lo que pedimos en oración puede suceder, pero ¿cómo se puede saber que no iba a suceder de todos modos? Aunque el asunto fuera indiscutiblemente milagroso, no se deduce que el milagro hubiera ocurrido por sus oraciones. La respuesta es, sin duda, que nunca se podrá alcanzar una prueba empírica firme como la que tenemos en las ciencias.

Algunas cosas se demuestran por la sólida coherencia de nuestras experiencias. La ley de la gravedad se establece por el hecho de que, en nuestra experiencia, todos los cuerpos sin excepción la obedecen. Ahora bien, incluso si sucedieran todas las cosas por las que la gente oraba, lo cual no sucede, esto no probaría lo que los cristianos quieren decir con la eficacia de la oración. Porque la oración es un ruego. La esencia del ruego, a diferencia de la coacción, es que puede o no concederse. Y si un Ser infinitamente sabio escucha los ruegos de criaturas finitas y necias, por supuesto que unas veces las concederá y otras las rechazará. El invariable «éxito» en la oración no probaría en absoluto la doctrina cristiana. Demostraría algo mucho más parecido a la magia: un poder en ciertos seres humanos para controlar, u orientar, el curso de la naturaleza.

Sin duda, hay pasajes en el Nuevo Testamento que, a primera vista, aparentan prometer que se nos concederán siempre nuestras oraciones. Pero eso no puede ser lo que realmente quieren decir. Porque en la esencia misma del relato encontramos un ejemplo evidente de lo contrario. En Getsemaní, el más santo de todos los suplicantes rogó tres veces para que de él pasara cierta copa. No ocurrió. Así que podemos descartar aquella idea de que se nos recomienda la oración como una especie de truco infalible.

Otras cosas no se demuestran simplemente por la experiencia, sino por esas experiencias artificialmente elaboradas que llamamos experimentos. ¿Podría hacerse algo así con la oración? Pasaré por alto la objeción de que ningún cristiano podría participar en ese proyecto, porque lo tiene prohibido: «No debes intentar hacer experimentos con Dios, tu Señor». Prohibido o no, ¿es posible?

He sabido de la sugerencia de que un equipo de personas —cuantas más mejor— se pusiera de acuerdo para orar todo lo que sepa, durante un período de seis semanas, por todos los pacientes del hospital A y por ninguno de los del hospital B. Luego se sumarían los resultados y se vería si en el A hubo más curaciones y menos muertes. Y supongo que se repetiría el experimento en distintos momentos y lugares para eliminar la influencia de factores irrelevantes.

El problema es que no veo cómo se puede orar de verdad en esas condiciones. «Las palabras sin pensamientos nunca llegan al cielo», dice el Rey en *Hamlet*. Recitar oraciones no es orar; de lo contrario, un equipo de loros debidamente entrenados serviría tan bien como los seres humanos para nuestro experimento. No se puede orar por la recuperación de los enfermos a menos que el fin que se persigue sea su recuperación. Pero uno no puede tener motivo alguno para desear la recuperación de todos los pacientes de un hospital y de ninguno de los de otro. Ahí no se ora para que se alivie el sufrimiento; se ora para saber qué pasa. Hay discrepancia entre el propósito real y el propósito nominal de esas oraciones. En otras palabras, independientemente de lo que hagan tu lengua, tus dientes y tus rodillas, no estás orando. Ese experimento exige una imposibilidad.

La prueba y la refutación empíricas son, pues, inalcanzables. Pero esta conclusión parecerá menos deprimente si recordamos que la oración es una petición y la comparamos con otras muestras de lo mismo.

Hacemos peticiones a nuestros semejantes y a Dios: pedimos la sal, pedimos un aumento de sueldo, pedimos a un amigo que cuide del gato mientras estamos de vacaciones, pedimos a una mujer que se case con nosotros. Unas veces conseguimos lo que pedimos y otras veces, no. Pero, cuando lo conseguimos,

Un cristiano corriente se arrodilla para decir sus oraciones. Está intentando ponerse en contacto con Dios. Pero si es cristiano sabe que lo que le está instando a orar también es Dios: Dios, por así decirlo, dentro de él. Pero también sabe que todo su conocimiento real de Dios le viene a través de Cristo, el Hombre que es Dios..., que Cristo está de pie a su lado, ayudándole a orar, orando con él. ¿Veis lo que está ocurriendo? Dios es aquello a lo cual él está orando, la meta que está intentando alcanzar. Dios es también lo que dentro de él le empuja, la fuerza de su motivación. Dios es también el camino o puente a lo largo del cual está siendo empujado hacia esa meta: de manera que la triple vida del Ser tripersonal está de hecho teniendo lugar en ese dormitorio corriente en el que un hombre corriente está diciendo sus oraciones. Ese hombre está siendo captado por la clase de vida más alta, lo que yo llamo *Zoe* o vida espiritual: está siendo atraído hacia Dios, por Dios, mientras que sigue siendo el mismo.

—*MERO CRISTIANISMO*

demostrar con certeza científica una conexión causal entre lo que se pide y lo que se obtiene no es tan fácil como cabría suponer.

Es posible que su vecino sea una persona compasiva que no habría dejado morir de hambre a su gato aunque usted se hubiera olvidado de organizar su cuidado. Nunca es tan probable que su jefe acceda a su petición de aumento como cuando es consciente de que podría tener un salario mejor en una empresa rival y, en cualquier caso, quiere asegurarse su trabajo con un aumento. En cuanto a la dama que consiente en casarse contigo, ¿estás seguro de que no lo había decidido ya? Tu propuesta, ya sabes, podría haber sido el resultado, no la causa, de su decisión. Cierta conversación importante nunca habría tenido lugar si ella no hubiera tenido la intención de hacerlo.

Así, en cierta medida, la misma duda que se cierne sobre la eficacia causal de nuestras oraciones a Dios se cierne también sobre nuestras peticiones al hombre. Lo que consigamos lo habríamos conseguido de todos modos. Pero solo, como digo, en cierta medida.

Nuestro amigo, nuestro jefe o nuestra esposa pueden decirnos que actuaron porque se lo pedimos; y podemos conocerlos tan bien como para sentirnos seguros, primero de que están diciendo lo que creen que es verdad, y segundo de que entienden sus propios motivos lo bastante bien como para tener razón. Pero observa que cuando esto ocurre nuestra seguridad no la hemos obtenido por los métodos de la ciencia. No intentamos el experimento de control de rechazar el aumento o romper el compromiso y volver a hacer nuestra petición en nuevas condiciones. Nuestra seguridad es muy diferente a la del conocimiento científico. Nace de nuestra relación personal con las otras partes; no de saber cosas sobre ellas, sino de *conocerlas*.

Nuestra seguridad —si es que llegamos a tenerla— de que Dios siempre escucha y a veces nos concede nuestras peticiones, y de que las aparentes concesiones no son meramente fortuitas, solo puede venir de la misma manera. No se trata de contabilizar los éxitos y los fracasos e intentar decidir si los éxitos son demasiado numerosos para atribuirlos al azar. Los que mejor conocen a una persona saben si, cuando hizo lo que le pidieron, lo hizo porque se lo pidieron. Creo que los que mejor conocen a Dios sabrán mejor si me envió a la barbería porque el barbero había orado.

Porque hasta ahora hemos abordado toda la cuestión de forma equivocada y a un nivel erróneo. La sola pregunta «¿funciona la oración?» nos coloca en el estado de ánimo equivocado desde el principio. «Funciona»: como si fuera magia o una máquina que se pone en marcha automáticamente. La oración es una mera impresión o un contacto personal entre personas embrionarias e incompletas (nosotros mismos) y la Persona absolutamente concreta. La oración en el sentido de petición, de solicitar cosas, es una pequeña parte; la confesión y el arrepentimiento son su umbral, la adoración es su santuario, la presencia, la visión y el gozo de Dios son su pan y su vino. En ella, Dios se nos muestra. Que Él conteste las oraciones es un corolario —no necesariamente el más importante— de esa revelación. Lo que hace se desprende de lo que es.

No obstante, la oración de petición es algo que se nos permite y a lo que se nos insta: «El pan nuestro de cada día, dánoslo hoy». Y sin duda plantea un problema teórico. ¿Podemos creer que Dios alguna vez modifica realmente sus actos en respuesta a las sugerencias de los hombres? Porque la sabiduría infinita no necesita decir qué es lo mejor, y la bondad infinita no necesita ser impulsada a hacerlo. Pero Dios tampoco necesita ninguna de las cosas que hacen agentes finitos, ya sean vivos o inanimados. Él podría, si quisiera, reparar nuestros cuerpos milagrosamente sin comida; o darnos comida sin la ayuda de granjeros, panaderos y carniceros; o conocimiento sin la ayuda de hombres instruidos; o convertir a los paganos sin misioneros. En cambio, permite que la tierra, el clima, los animales, los músculos, la mente y la voluntad de los hombres cooperen en la ejecución de su voluntad. «Dios —dijo Pascal— instituyó la oración para dar a sus criaturas la dignidad de la causalidad». Pero no solo en la oración; siempre que actuamos, Él nos presta esa dignidad. No es realmente extraño, ni menos extraño, que mis oraciones afecten al curso de los acontecimientos de lo que mis otras acciones lo hacen. No han influido ni cambiado la opinión de Dios, es decir, su propósito general. Pero ese propósito se cumplirá de diferentes maneras según las acciones, incluidas las oraciones, de sus criaturas.

Porque parece que no hace nada por sí mismo que pudiera delegar a sus criaturas. Él nos ordena que hagamos lenta y torpemente lo que Él podría hacer perfectamente y en un abrir y cerrar de ojos. Él nos permite descuidar lo que Él quiere que hagamos, o fracasar. Quizás no nos damos cuenta del problema, por así llamarlo, de permitir que los libres albedríos finitos coexistan con la Omnipotencia. Parece implicar en todo momento casi una especie de abdicación divina. No somos meros destinatarios o espectadores. Tenemos el privilegio de participar en el juego o nos vemos obligados a colaborar en el oficio, «empuñar nuestros pequeños tridentes». ¿Es acaso este asombroso proceso la simple creación que sucede

«Orar por cosas particulares —dije yo— siempre me parece que es como aconsejar a Dios cómo dirigir el mundo. ¿No sería más prudente asumir que Él sabe más?». «Por el mismo principio —dijo él—, supongo que nunca le pides a alguien que está a tu lado que te pase la sal, porque Dios sabe mejor si debes tener sal o no. Y supongo que nunca llevas paraguas, porque Dios sabe mejor si debes estar mojado o seco». «Eso es muy diferente», protesté. «No veo por qué —dijo él—. Lo extraño es que Él nos permita influir en el curso de los acontecimientos. Pero ya que nos permite hacerlo de una manera, no veo por qué no debería dejarnos hacerlo de la otra».

—«SCRAPS», *GOD IN THE DOCK*

delante de nosotros? Así es como (y no es una cuestión menor) Dios crea —incluso dioses— de la nada.

Al menos así me lo parece. Pero lo que he ofrecido puede ser, en el mejor de los casos, solo un modelo mental o un símbolo. Todo lo que digamos sobre estos temas debe ser meramente analógico y parabólico. Sin duda, nuestras facultades no pueden comprender la realidad. Pero en todo caso podemos intentar dejar las malas analogías y las malas parábolas. La oración no es una máquina. No es magia. No es un consejo que le damos a Dios. Nuestro acto, cuando oramos, no debe, más que nuestros otros actos, estar separado del acto continuo de Dios mismo, en el que operan todas las causas finitas.

Sería aún peor pensar que los que obtienen lo que piden son una especie de favoritos de la corte, personas con influencia con el trono. Como respuesta a eso baste la oración rechazada de Cristo en Getsemaní. Y no me atrevo a dejar de lado la dura frase que una vez escuché de un experimentado cristiano: «He visto muchas respuestas sorprendentes a la oración y más de una que me pareció milagrosa. Pero suelen llegar al principio: antes de la conversión, o poco después. A medida que avanza la vida cristiana, tienden a ser más escasas. Las negativas, además, no solo son más frecuentes, sino que se hacen más inequívocas, más rotundas».

¿Acaso Dios abandona entonces solo a los que más le sirven? Pues bien, Aquel que mejor sirvió a Dios dijo, cerca de su terrible muerte: «¿Por qué me has abandonado?». Cuando Dios se hace hombre, ese Hombre, entre todos los demás, es el que menos consuelo recibe de Dios, en su momento de mayor necesidad. Hay un misterio aquí que, aun si tuviera el poder de hacerlo, no tendría el valor de explorar. Mientras tanto, las personas insignificantes como tú y yo, si nuestras oraciones reciben a veces respuesta afirmativa más allá de toda esperanza y probabilidad, más vale que no saquemos conclusiones precipitadas en nuestro propio beneficio. Si fuéramos más fuertes, podríamos ser tratados con menos ternura. Si fuéramos más valientes, podríamos ser enviados, con mucha menos ayuda, a defender puestos mucho más peligrosos en la gran batalla.

¿POR QUÉ PEDIRLE A DIOS SI ÉL YA SABE LO QUE NECESITAMOS?

«INCLUSO SI DOY por bueno su punto de vista y admito que las respuestas a la oración son teóricamente posibles, seguiré pensando que son infinitamente improbables. No creo en absoluto que Dios requiera el consejo mal informado (y contradictorio) que nosotros, los seres humanos, podamos darle para dirigir el mundo. Si Él es omnisciente, como usted dice, ¿acaso no sabe ya lo que es mejor? Y si es todopoderoso, ¿no lo hará tanto si oramos como si no?».

Este es el juicio contra la oración que, en los últimos cien años, ha retraído a miles de personas. La

---

God in the Dock (del capítulo titulado «Work and Prayer»).

respuesta habitual es que solo se aplica al tipo más bajo de oración, el que consiste en pedir que las cosas sucedan. El tipo superior, se nos dice, no ofrece ningún consejo a Dios; consiste solo en la «comunión» o relación con Él; y los que siguen esta línea parecen sugerir que el tipo inferior de oración es realmente un absurdo y que solo los niños o los salvajes lo utilizarían.

Nunca me ha satisfecho este punto de vista. La distinción entre los dos tipos de oración es sólida; y creo que, en general (no estoy muy seguro), el tipo que no pide nada es el más elevado o avanzado. Encontrarse en el estado en el que se está tan en armonía con la voluntad de Dios que, aun pudiendo, no se querría alterar el curso de los acontecimientos es desde luego una condición muy elevada o avanzada.

Pero si uno simplemente descarta el tipo más bajo, se presentan dos dificultades. En primer lugar, hay que decir que toda la tradición histórica de la oración cristiana (incluido el Padrenuestro) ha estado equivocada, pues siempre ha admitido oraciones por el pan nuestro de cada día, por la curación de los enfermos, por la protección de los enemigos, por la conversión de los de afuera y cosas similares. En segundo lugar, aunque la otra clase de oración puede ser «más elevada» si te limitas a ella porque has superado el deseo de usar cualquier otra, no hay nada especialmente «elevado» o «espiritual» en abstenerse de las oraciones que hacen peticiones simplemente porque piensas que no son buenas. Podría ser una cosa muy bella (pero, de nuevo, no estoy absolutamente seguro) si un niñito nunca pidiera pastel porque fuera tan elevado y espiritual que no quisiera ningún pastel. Pero no hay nada especialmente apreciable en un niño que no pregunta porque ha aprendido que no sirve de nada preguntar. Creo que hay que reconsiderar todo el asunto.

La acusación contra la oración (me refiero a la «baja» o anticuada) es la siguiente. Lo que pides o es bueno —para ti y para el mundo en general— o no lo es. Si lo es, entonces un Dios bueno y sabio lo hará de todos modos. Si no lo es, entonces no lo hará. En ninguno de los dos casos tu oración puede marcar ninguna diferencia. Pero si este argumento es sólido, seguramente no solo iría en contra de orar, sino en contra de hacer cualquier cosa.

En cada acción, al igual que en cada oración, intentas conseguir un determinado resultado; y este resultado debe ser bueno o malo. ¿Por qué, entonces, no argumentamos como lo hacen los detractores de la oración y decimos que, si el resultado que se pretende es bueno, Dios lo llevará a cabo sin tu interferencia, y que, si es malo, evitará que ocurra hagas lo que hagas? ¿Por qué lavarse las manos? Si Dios quiere que estén limpias, lo estarán sin que te los laves. Si no lo quiere, seguirán sucias (como comprobó *lady* Macbeth) por mucho jabón que utilices. ¿Por qué pedir la sal? ¿Por qué calzarse las botas? ¿Por qué hacer lo que sea?

Sabemos que podemos actuar y que nuestras acciones tienen resultados. Por lo tanto, todo el que cree en Dios debe admitir (al margen del tema de la oración) que Dios no ha elegido escribir toda la historia con su mano. La mayor parte de las cosas que suceden en el universo están efectivamente fuera de nuestro control, pero no todas. Es como una obra de teatro en la que el autor ha fijado el escenario y el esquema

No se inquiete por la idea de que Dios «ya sabía millones de años antes qué es lo que usted precisamente está a punto de orar». Así no es la cosa. Dios la está escuchando *ahora*, tan sencillamente como una madre escucha a un hijo. Lo distinto de la atemporalidad de Dios es que este *ahora* (que escapa de usted incluso cuando pronuncia la palabra *ahora*) es para Él infinito. Si no puede evitar pensar en la eternidad de Dios, no se imagine que Él *ya había* visto este momento desde hace millones de años: mejor imagínese que para Dios usted siempre está orando esta oración. Pero en realidad no hay necesidad de tocar el tema. Lo cierto es que usted ha entrado en el templo («mejor es un día en tus atrios que mil fuera de ellos») y ha encontrado a Dios, como siempre, allí. Eso es todo de lo que necesita preocuparse.

—*COLLECTED LETTERS*, 1 DE AGOSTO DE 1949,
A MISS BRECKENRIDGE

general de la historia, pero ciertos detalles menores se dejan a la improvisación de los actores. Puede ser un misterio por qué Él nos ha permitido causar sucesos reales; pero no es más extraño que nos permita causarlos orando que causarlos por cualquier otro medio.

Pascal dice que Dios «instituyó la oración para permitir a sus criaturas la dignidad de la causalidad». Tal vez sería más acertado decir que Él inventó tanto la oración como la acción física para ese propósito. Nos dio a las insignificantes criaturas la dignidad de poder contribuir al curso de los acontecimientos de dos maneras diferentes. Creó la materia del universo de tal manera que podemos (dentro de esos límites) hacer cosas con ella; por eso podemos lavarnos las manos y alimentar o asesinar a nuestros semejantes. Del mismo modo, Él creó su propio plan o trama de la historia de tal manera que admite una cierta cantidad de actuación libre y puede ser modificado en respuesta a nuestras oraciones. Si es un absurdo y una desfachatez pedir la victoria en una guerra (con el argumento de que se puede esperar que Dios lo sepa mejor que nosotros), sería igualmente un absurdo y una desfachatez ponerse un impermeable: ¿no sabe Dios mejor que nadie si hay que estar mojado o seco?

Los dos métodos por los que se nos permite producir sucesos pueden llamarse trabajo y oración. Ambos se parecen en este aspecto: en los dos intentamos producir un estado de cosas que Dios no ha tenido a bien (o, en todo caso, todavía no ha tenido a bien) traer «Él solo». Desde este punto de vista, la vieja máxima *laborare est orare* (trabajar es orar) adquiere un nuevo significado. Lo que hacemos cuando escardamos un campo no es muy diferente de lo que hacemos cuando oramos por una buena cosecha. Pero, de todos modos, hay una diferencia importante.

Hagas lo que hagas en un campo, no se puede asegurar una buena cosecha. Pero puedes estar seguro de que si arrancas una hierba, esa hierba ya no estará allí. Puedes estar seguro de que si bebes más de cierta cantidad de alcohol arruinarás tu salud o de que si seguimos unos cuantos siglos más malgastando los recursos del planeta en guerras y lujos reduciremos la vida de toda la raza humana. El tipo de causalidad que ejercemos mediante nuestra obra está, por así decirlo, divinamente garantizado, y por tanto es implacable. Con lo que hacemos somos libres de causarnos todo el daño que queramos. Pero el tipo de trabajo que realizamos mediante la oración no es así; Dios ha dejado aparte de sí un poder discrecional. Si no lo hubiera hecho, la oración sería una actividad demasiado peligrosa para el hombre y tendríamos el horrible estado de cosas que previó Juvenal: «Enormes oraciones que el Cielo en su ira concede» (*Sátiras*, Libro IV, Sátira x, verso 111).

Las oraciones no siempre son —en el sentido burdo y fáctico de la palabra— «concedidas». Esto no es porque la oración sea un tipo de causalidad más débil, sino porque es un tipo más fuerte. Cuando «funciona», lo hace sin límites de espacio y tiempo. Por eso, Dios se ha reservado la facultad discrecional de concederla o rechazarla; si no fuera por esa condición, la oración nos destruiría. No es descabellado que un director de escuela diga: «Pueden hacer tal o cual cosa de acuerdo con las reglas fijas de esta escuela». Pero tales y cuales otras cosas son demasiado peligrosas para dejarlas en manos de reglas generales. Si quieren hacerlas deben venir a solicitarlas y hablar sobre el asunto conmigo en mi estudio. Y luego... ya veremos».

¿DEPENDEN NUESTRAS ORACIONES DE LA PROFUNDIDAD DE NUESTROS SENTIMIENTOS O DE NUESTRA INTENCIÓN?

Un motivo por el que el Enemigo encontró tan fácil su tarea fue que yo, sin saberlo, ya estaba desesperadamente ansioso por librarme de mi religión, y eso por una razón que vale la pena mencionar. Por puro error (todavía pienso que no fue un error intencionado) en la metodología espiritual había convertido mi práctica privada de esa religión en una carga insoportable. Se produjo de esta forma. Como a todos, a mí también me habían dicho de pequeño que uno no debe limitarse

Cautivado por la alegría (del capítulo 4, «Ensancho mi mente»).

a recitar las oraciones, sino que tiene que pensar en lo que está diciendo. Por tanto, cuando (en el colegio de Oldie) alcancé una fe verdadera, intenté poner esto en práctica. Al principio me pareció navegar por aguas tranquilas. Pero pronto entraron en juego los escrúpulos (la «ley» en san Pablo o la «charlatana» en Herbert). En cuanto llegaba al «amén» susurraban: «Sí, pero, ¿estás seguro de que realmente estabas pensando en lo que decías?», y luego con mayor sutileza: «¿Estabas pensando en ello tan concentrado como ayer por la noche, por ejemplo?». La respuesta, por razones que entonces no entendía, era casi siempre: «No». «Muy bien —decía la voz—, entonces, ¿no sería mejor que lo volvieras a intentar?». Y obedecía, pero, por supuesto, sin la menor confianza en que el segundo intento saliera mejor.

Ante estas constantes sugerencias mi postura era la más absurda que podía haber tomado. Me puse un listón. No iba a permitir que ninguna frase pasase la inspección a menos que fuera acompañada de lo que yo llamaba «sentimiento», con lo que quería expresar una cierta intensidad de la imaginación y del afecto. Mi tarea nocturna era producir, por pura fuerza del deseo, un fenómeno que la fuerza del deseo no podía producir, un fenómeno tan vagamente definido que nunca podía decir con certeza absoluta si había ocurrido y que, incluso cuando efectivamente se producía, tenía muy poco valor espiritual. ¡Si alguien me hubiera leído la advertencia del viejo Walter Hilton: «No podemos arrancar a Dios en la oración a la fuerza lo que Él no da»! Pero nadie lo hizo; y noche tras noche, atontado por el sueño y a menudo medio desesperado, me esforzaba en conseguir mis «sentimientos». Esto amenazaba con convertirse en un infinito «volver a empezar». Por supuesto, empezaba orando pidiendo buenos «sentimientos». Pero, ¿había «sentido» aquella oración preliminar? Creo que todavía tenía suficiente sentido común como para descartar aquella pregunta, de otra forma me hubiera sido tan difícil empezar mis oraciones como terminarlas. ¡Cómo lo recuerdo todo! El hule frío, los ruidos de la habitación, la noche que pasaba, el aburrimiento enfermizo, sin esperanza.

«Si hay algún bien en orar por cosas prácticas»: la primera cuestión es qué se entiende por «algún bien». ¿Es algo que es bueno hacer? Sí: lo expliquemos como lo expliquemos, se nos dice que pidamos cosas concretas, como el pan de cada día. ¿«Funciona»? Ciertamente no es una operación mecánica ni un hechizo mágico. Es una petición que, por supuesto, la Otra Parte puede, por sus propias razones, conceder o no. ¿Pero cómo puede eso cambiar la voluntad de Dios? Bueno, sería muy raro que las acciones de Dios hacia mí tuvieran por obligación que ignorar mis acciones (incluidas mis oraciones). ¿Seguro que no tiene que perdonar pecados que no he cometido o restaurarme de errores en los que nunca he caído? En otras palabras, su voluntad (aunque sea inmutable en algún sentido metafísico final) debe estar relacionada con lo que soy y hago. Y, admitido eso, ¿por qué mi pedir o no pedir no debería ser una de las cosas que Él toma en cuenta? En cualquier caso, Él dijo que lo haría, y lo sabe.

(¡A menudo hablamos como si Dios fuera un lego en Teología!).

De veras que creo (ahora realmente, y desde hace tiempo con un asentimiento meramente intelectual) que un pecado, una vez arrepentido y perdonado, desaparece, queda eliminado, se quema en el fuego del Amor Divino, blanco como la nieve. No hay nada malo en seguir «lamentándose», es decir, expresar la pena personal, pero no pedir perdón, pues eso ya lo tienes; hablo de lamentarse de ser ese tipo de persona. No es necesario que tu conciencia tenga esa «carga» en el sentido de sentir que tienes una cuenta pendiente, pero sí puedes, en cierto modo, benficiarte con paciencia y (en cierto sentido) con satisfacción, de la humildad que esa pena te impone...

—*COLLECTED LETTERS*, 8 DE ENERO DE 1952,
A MRS. LOCKLEY

Esta era la carga de la que yo ansiaba, en cuerpo y alma, escapar. Ya me había llevado a tal estado que el tormento nocturno proyectaba su oscuridad a toda la tarde y temía la hora de acostarme como si fuera un enfermo crónico de insomnio. Si hubiera seguido mucho más por el mismo camino creo que me habría vuelto loco.

Esta ridícula carga de falsas obligaciones en la oración me dio, por supuesto, un motivo inconsciente para desear evadirme de la fe cristiana, pero al mismo tiempo, o un poco más tarde, surgieron dudas conscientes. Una vino de leer a los clásicos. En ellos, especialmente en Virgilio, se me presentaban un montón de ideas religiosas; pero todos los profesores y editores daban por supuesto desde el principio que estas ideas religiosas eran pura fantasía. Nadie intentó jamás demostrar en qué sentido el cristianismo superó al paganismo o el paganismo prefiguró el cristianismo. La postura adoptada parecía ser que las religiones normalmente son un montón de tonterías, aunque la nuestra, por una excepción afortunada, es totalmente verdad. Las otras religiones ni siquiera se explicaban, según la norma del cristianismo primitivo, como si fueran obra del demonio.

Eso tenían que haber conseguido que creyera. Pero la impresión que yo saqué era que la religión en general, aunque totalmente falsa, era una reacción natural, una especie de absurdo endémico al que la humanidad se dirigía erróneamente. En medio de un millar de religiones estaba la nuestra, la mil uno, con la etiqueta de «Verdadera». Pero, ¿en qué podía basarme para creer en esta excepción? Era claramente del mismo tipo que las demás. ¿Por qué se la trataba de forma tan distinta? En todo caso, ¿tenía yo que seguir tratándola de forma distinta? Tenía muchos deseos de no hacerlo.

❧

«Nuestra oración matinal debería ser la de la *Imitación de Cristo*, cuando dice: *Da hodie perfecte incipere* (concédeme comenzar hoy un día de perfección), pues aún no he hecho nada».

—«LAPSUS LINGUAE», *EL PESO DE LA GLORIA*

Además de esto, e igualmente en contra de mi fe, tenía un pesimismo profundamente arraigado, un pesimismo, en aquella época, más intelectual que temperamental. Entonces no era, en modo alguno, infeliz, pero me había formado la opinión de que el Universo, por lo general, era una institución bastante deplorable. Me doy perfecta cuenta de que algunos se sentirán desconcertados y otros se reirán ante la idea de que un niño desgarbado y gordito, con un cuello de Eton, haga un juicio desfavorable del cosmos. En cualquiera de los dos casos puede que tengan razón, pero no tendrán más razón porque yo llevara un cuello de Eton. Olvidan cómo veían su propia niñez desde dentro. Las fechas no son tan importantes como la gente piensa. Me atrevería a decir que quienes ahora piensan algo es porque pensaron muchísimo durante sus primeros catorce años. En cuanto a las fuentes de mi pesimismo, el lector recordará que, aunque tuve suerte en muchas cosas, había conocido demasiado pronto una gran desgracia. Pero ahora me inclino a pensar que las semillas del pesimismo ya estaban sembradas antes de la muerte de mi madre. Aunque parezca ridículo, creo que la raíz de la cuestión está en mi torpeza manual. ¿Cómo puede ser? Ciertamente no es porque un niño diga: «No puedo cortar una línea recta con las tijeras; por tanto, el Universo es perverso». La infancia no tiene esa capacidad de generalización ni es (para hacerle justicia) tan tonta. Mi torpeza tampoco produjo lo que se suele llamar complejo de inferioridad. No me comparaba con otros niños; mis derrotas tenían lugar en solitario. Lo que hicieron crecer en mí fue un sentimiento profundo (y, por supuesto, inexpresable) de resistencia u oposición por parte de las cosas inanimadas. Incluso eso es demasiado abstracto y propio de un adulto. Quizá debería decir mejor que era la certeza de que todo haría lo que tú no querías que hiciese. Cualquier cosa que quisieras que permaneciese recta se curvaría; cualquier cosa que quisieras curvar se volvería a poner derecha; todos los nudos que quisieras que estuviesen fijos se soltarían; todos los nudos que quisieras desatar, seguirían fijos. No es posible expresarlo con palabras sin convertirlo en algo cómico. Pero quizá sean estas primeras experiencias, tan fugaces y grotescas para un adulto, las que dan a la mente sus primeros prejuicios, su sentido habitual de lo que es o no plausible.

¿NO ES PRESUNTUOSO TRAER NUESTRAS PREOCUPACIONES ANTE DIOS?

SUPONGO QUE LO único que me mantiene (y mantiene a cualquier otra cosa) en la existencia es la atención de Dios.

¿Qué estamos haciendo, pues, realmente? Nuestra concepción completa de la situación de oración, si se me permite llamarla así, depende de la respuesta.

Somos conocidos por Dios completamente y, en consecuencia, por igual. Ese es nuestro destino, tanto si nos gusta como si no. Pero aunque el conocimiento de Dios no cambie nunca, sí puede cambiar la cualidad

Si Dios no escuchase. Cartas a Malcolm (del capítulo 4).

del ser que es conocido. Una escuela de pensamiento sostiene que «la libertad es la necesidad querida». No importa que sea verdad o no. Necesito esta idea solo como analogía. Por lo general, ser conocido por Dios es estar, para este propósito, en la categoría de las cosas.

Somos, como las lombrices, las coles y las nebulosas, objetos del conocimiento divino. Pero cuando (a) nos percatamos del hecho —el hecho presente, no la generalización— y (b) consentimos con toda nuestra voluntad en ser conocidos de ese modo, entonces nos tratamos a nosotros mismos, en relación con Dios, no como cosas, sino como personas. Nos quitamos el velo. No importa que no haya velo que pueda confundir su visión. El cambio se produce en nosotros. Lo pasivo se convierte en activo. En vez de ser meramente conocidos, nos mostramos, nos anunciamos, nos ofrecemos a su mirada.

Ponernos en relación personal con Dios no podría ser, en sí mismo y sin justificación, nada más que presunción e ilusión. Pero se nos ha enseñado que no es

eso, que es Dios el que establece esa relación con nosotros, pues exclamamos: «Padre» gracias al Espíritu
Santo. Quitándonos el velo, confesando nuestros pecados y «dando a conocer» nuestras peticiones, adop-
tamos el elevado rango de personas delante de Él. Y
Él, descendiendo, se hace Persona para nosotros.

No debería haber dicho «se hace», pues en Él no
es posible ninguna forma de hacerse. Él se revela
como Persona: o revela lo que en Él es Persona. La
razón está en que —¿hace falta decir que en un libro
es necesario que haya páginas de calificación y garantía?— Dios es de algún modo para el hombre como
el hombre es para Dios. La puerta de Dios que se abre
es aquella a la que él golpea (al menos, lo creo así, habitualmente). La persona en Él —pues Él es más que
una persona— recibe a aquellos que pueden acogerla
o, al menos, mirarla. Él habla como un «Yo» cuando
nosotros le llamamos sinceramente «Tú». (¡Qué
grande es Buber!).

Hablar de «recibir» es, indudablemente, una forma
de antropomorfismo. Significaría algo así como que

Por cierto, desde que he empezado a orar, veo que mi visión extrema de la personalidad está cambiando. Mi propio yo empírico se está volviendo más importante y esto es exactamente lo contrario del amor a uno mismo. A una semilla no se le enseña a convertirse en árbol arrojándola al fuego: y tiene que convertirse en una buena semilla antes de que valga la pena enterrarla.

—*COLLECTED LETTERS*, DICIEMBRE DE 1935,
A OWEN BARFIELD

Dios y yo podríamos mirarnos como dos criaturas, cuando la realidad es que Él está por encima de mí y dentro de mí y debajo de mí y en torno a mí por todas partes. Esa es la razón por la que la palabra «recibir» tiene que ser equilibrada con toda clase de abstracciones metafísicas y teológicas. Lo cual no significa, ni en esto ni en ninguna otra cosa, que sea lícito pensar que las imágenes antropomórficas sean una concesión a nuestra debilidad, y las abstracciones la verdad literal. Ambas son concesiones por igual. Cada una de ellas aisladamente es engañosa, y las dos juntas se corrigen recíprocamente la una a la otra. A menos que nuestra actitud hacia ella sea mesurada; a menos que estemos murmurando continuamente «tampoco así, tampoco así es este Tú», la abstracción es fatal. Convierte en algo inanimado la vida de las vidas y en algo impersonal el amor de los amores. La imagen ingenua es perniciosa en la medida en que impide que los no creyentes se conviertan. A los creyentes no les hace ningún daño, ni siquiera en su forma más tosca. ¿Qué alma ha perecido jamás por creer que Dios Padre tiene barba?

La otra cuestión que planteaba tiene realmente influencia, creo yo, en las personas devotas. Era, como recordará, la siguiente: «¿Qué importancia debe tener una necesidad o un deseo para que podamos convertirla debidamente en objeto de una petición?». Considero que *debidamente* significa aquí «sin que sea irreverente», o «sin que sea una simpleza», o ambas cosas.

Tras haber pensado un poco sobre el asunto, me parece que hay realmente dos preguntas implicadas.

1. ¿Qué importancia ha de tener un objeto para que podamos, sin cometer pecado ni incurrir en extravagancia, permitir a nuestro deseo de alcanzarlo que lo convierta en asunto que nos interese seriamente? Esta pregunta concierne, como puede ver, a lo que los viejos escritores llaman nuestra «estructura», es decir, nuestra «estructura mental».

2. Dada la existencia en nuestra mente de un interés serio como el referido, ¿puedo exponérselo siempre y debidamente a Dios en nuestras oraciones?

Todos sabemos en teoría la respuesta a la primera de las preguntas. Tenemos que apuntar a lo que san Agustín (¿es él?) llama «amores ordenados». Nuestro interés más profundo debería tener por objeto las cosas primeras; el que le siguiera en profundidad, las segundas, y así hasta llegar a cero, es decir, a la total ausencia de interés por cosas que no son realmente buenas, ni medios de ningún tipo para el bien.

Entretanto quisiéramos saber, sin embargo, no cómo deberíamos orar si fuéramos perfectos, sino cómo debemos orar siendo como somos. Si es aceptada mi idea de orar como «revelar», ya hemos respondido esta cuestión. Es inútil pedir A a Dios con artificial gravedad, cuando toda nuestra mente está realmente llena del deseo de alcanzar B. Debemos exponer a Dios lo que está en nosotros, no lo que debe estar en nosotros.

Incluso a un íntimo amigo humano lo tratamos mal si le hablamos de una cosa cuando nuestra mente está realmente puesta en otra, e incluso un amigo humano se dará cuenta pronto de que lo estamos haciendo así. Usted mismo vino a verme hace unos años, en un momento en que me había ocurrido una gran desgracia. Yo intenté hablarle como si no pasara nada. Usted lo entrevió a los cinco minutos. Entonces confesé. Y usted dijo cosas que me avergonzaron de mi intento de ocultación.

Tal vez ocurra que el deseo pueda ser expuesto a Dios solo como un pecado del que nos arrepentimos, pero uno de los mejores modos de saberlo es exponerlo a Dios. Su problema, sin embargo, no se refería a deseos pecaminosos en este sentido, sino, más bien, a deseos intrínsecamente inocentes, que se vuelven pecaminosos, cuando lo hacen, tan solo por ser más fuertes que la trivialidad de su justificación del objeto. Yo no tengo la menor duda de que, si son objetos de nuestro pensamiento, tienen que serlo también de nuestras oraciones, ya en la de penitencia, ya en la de petición o en ambas: penitencia por el exceso, petición de aquellas cosas que deseamos.

Si se los excluye violentamente, ¿no arruinan el resto de nuestras oraciones? Si ponemos todas las cartas sobre la mesa, Dios nos ayudará a moderar los excesos. Sin embargo, la presión de las cosas que tratamos de evitar que se metan en nuestra mente es una distracción irremediable. Como alguien ha dicho: «Ningún ruido es tan fuerte como el que no queremos oír».

Una estructura mental ordenada es una de las bendiciones que debemos pedir, no un disfraz que debamos ponernos cuando oramos.

Y, así como aquellos que no se dirigen a Dios en las pequeñas tribulaciones carecerán de *hábito* y de recursos para mitigar las grandes cuando se presenten, los que no han aprendido a pedirle cosas pueriles carecerán seguramente de toda disposición para pedirle cosas grandes. No debemos ser demasiado arrogantes. Supongo que en ocasiones podemos ser disuadidos de hacer pequeños ruegos por un sentido de nuestra propia dignidad, más que por la dignidad de Dios.

¿CÓMO ENCAJA LA ORACIÓN CON LA IDEA DE LA PROVIDENCIA DE DIOS? ¿CUANDO ORAMOS ESTAMOS PIDIENDO MILAGROS?

EL LECTOR HA oído hablar de dos clases de hechos y solo de dos: los milagros y los hechos naturales. Los primeros no están entrelazados con la historia de la Naturaleza en sentido inverso, es decir, en el tiempo anterior a su ocurrencia. Los segundos, sí. Sin embargo, muchas personas piadosas hablan de ciertos acontecimientos como «providenciales» o «providencias especiales» sin querer decir que sean milagrosos.

Los milagros (del Apéndice B: «Sobre las "Providencias especiales"»).

Esto implica generalmente la creencia de que, aparte de los milagros, algunos acontecimientos son providenciales en un sentido en el que otros no lo son. Así, algunas personas pensaron que el clima que nos permitió sacar a gran parte de nuestro ejército en Dunkerque fue «providencial» de cierta manera en la que el clima en general no es providencial. La doctrina cristiana de que algunos acontecimientos, aunque no sean milagros, son respuestas a la oración, pareciera a primera vista implicar esto.

Me parece muy difícil concebir una clase intermedia de hechos que no sean ni milagrosos ni meramente «ordinarios». El clima de Dunkerque fue o no fue lo que la historia física previa del universo, por su propio carácter, habría producido inevitablemente. Si lo fue, ¿en qué sentido es «especialmente» providencial? Si no lo fue, entonces se trata de un milagro.

Por lo tanto, me parece que debemos abandonar la idea de que existe una clase especial de acontecimientos (aparte de los milagros) que puedan por completo distinguirse como «especialmente providenciales». A menos que abandonemos la idea de la Providencia, y con ella la creencia en la oración eficaz, se deduce que todos los acontecimientos son igualmente providenciales. Si Dios dirige el curso de los acontecimientos, entonces dirige el movimiento de cada átomo en cada momento; «ni un gorrión cae al suelo» sin esa dirección. La «naturalidad» de los acontecimientos naturales no consiste en estar de alguna manera fuera de la providencia de Dios. Consiste en que están entrelazados unos con otros dentro de un espacio-tiempo común de acuerdo con el patrón fijo de las «leyes».

Para obtener una imagen de una cosa, a veces es necesario comenzar con una imagen falsa y luego corregirla. La falsa imagen de la Providencia (falsa porque representa a Dios y a la Naturaleza como contenidos en un Tiempo común) sería la siguiente: cada acontecimiento de la Naturaleza es el resultado de un acontecimiento anterior, no de las leyes de la Naturaleza. A la larga, el primer acontecimiento natural, cualquiera que haya sido, ha dictado todos los demás sucesos. Es decir, cuando Dios, en el momento de la creación, introdujo el primer acontecimiento en el marco de las «leyes» —dando el pistoletazo de salida—, determinó toda la historia de la Naturaleza. Previendo cada parte de esa historia, Él quiso cada parte de ella. Si hubiera deseado un clima diferente en Dunkerque, habría hecho que el primer acontecimiento fuera ligeramente diferente.

El clima que tenemos en la actualidad es, por lo tanto, en el sentido más estricto, providencial; fue decretado, y decretado con un propósito, cuando se creó el mundo, pero no lo es más (aunque sea más interesante para nosotros) que la posición precisa en este momento de cada átomo del anillo de Saturno.

De ello se sigue (manteniendo nuestra falsa imagen) que todo acontecimiento físico fue determinado de manera que sirviera para un gran número de propósitos.

Por lo tanto, hay que suponer que Dios, al predeterminar el tiempo en Dunkerque, ha tenido totalmente en cuenta el efecto que tendría no solo sobre el destino de dos naciones, sino (lo que es incomparablemente más importante) sobre todos los individuos implicados en ambos bandos, sobre todos los animales, vegetales y minerales a su alcance, y por último sobre cada átomo del universo. Esto puede parecer excesivo, pero en realidad estamos atribuyendo al Omnisciente solo un grado infinitamente superior del mismo tipo de habilidad que un simple novelista humano ejerce a diario en la construcción de su trama.

Supongamos que estoy escribiendo una novela. Tengo entre manos los siguientes problemas: (1) el viejo Sr. A. tiene que estar muerto antes del capítulo 15. (2) Y más vale que muera de repente porque tengo que evitar que modifique su testamento. (3) Su hija (mi heroína) tiene que permanecer fuera de Londres durante al menos tres capítulos. (4) Mi héroe tiene que recuperar de alguna manera la buena opinión por parte de la heroína que perdió en el capítulo 7. (5) Ese joven pedante B. que tiene que mejorar antes del final del libro, necesita un buen golpe moral que le saque de su engreimiento. (6) Todavía no hemos decidido el trabajo de B.; pero todo el desarrollo de su carácter implicará darle un trabajo y mostrarle en el trabajo. ¿Cómo voy a conseguir las seis cosas?... Ya lo tengo. ¿Qué tal un accidente ferroviario? El viejo A. puede morir en él, y eso lo resuelve. De hecho, el accidente puede ocurrir mientras va a Londres a ver a su abogado con el propósito de modificar su testamento. ¿Qué hay más natural que su hija vaya con él? La dejaremos levemente herida en el accidente: eso le impedirá llegar a Londres durante todos los capítulos que necesitemos. Y el héroe puede ir en el mismo tren. Puede comportarse con gran frialdad y heroísmo durante el accidente; probablemente rescatará a la heroína de un vagón en llamas. Eso resuelve mi cuarto punto. ¿Y el joven B.? Lo convertiremos en el guardavía cuya negligencia causó el accidente. Eso le da su golpe moral y también lo vincula con la trama principal. De hecho, una vez que hayamos ideado el accidente ferroviario, ese único acontecimiento resolverá seis problemas aparentemente independientes.

Sin duda, se trata de una imagen intolerablemente engañosa: en primer lugar, porque (salvo en lo que se refiere al cretino B.) no he pensado en el bien final de mis personajes, sino en el entretenimiento de mis lectores; en segundo lugar, porque simplemente ignoramos el efecto del accidente ferroviario en todos los demás pasajeros de ese tren; y, por último, porque soy yo quien hace que B. dé la señal equivocada. Es decir, aunque yo pretenda que él tiene libre albedrío, en realidad no lo tiene. Sin embargo, a pesar de estas objeciones, el ejemplo puede sugerir cómo el ingenio divino puede diseñar la «trama» física del universo para dar una respuesta «providencial» a las necesidades de innumerables criaturas.

Pero algunas de estas criaturas poseen libre albedrío. Es en este punto donde debemos empezar a corregir la imagen, a todas luces falsa, de la Providencia que hemos estado utilizando hasta ahora. Esa imagen, como se recordará, era falsa porque representaba a Dios y a la Naturaleza como habitantes de un tiempo común. Pero es probable que la Naturaleza no esté realmente en el Tiempo y casi seguro que Dios no lo está. El tiempo es probablemente (como

Saber si un cristiano que intenta la sanación por la fe está movido por una fe y amor genuinos o por el orgullo espiritual es algo que escapa a nuestras posibilidades. Eso es entre Dios y él. Saber si en un caso concreto hay curación es, evidentemente, un asunto que deben tratar los médicos. Me refiero ahora a la curación mediante algún *acto* como la unción o la imposición de manos. *Orar* por los enfermos, es decir, orar sin más, sin ningún acto manifiesto, es indiscutiblemente correcto y, de hecho, se nos ordena hacerlo por todos los hombres. Y, *por supuesto*, tus oraciones pueden hacer mucho bien. Ni que decir tiene que no sanan ni como lo hace un medicamento ni como se supone que lo hace la magia, es decir, automáticamente. La oración es una petición [...]. No se puede establecer la eficacia de la oración mediante estadísticas [...]. Sigue siendo un asunto de fe y de acción personal de Dios; solo podría ser objeto de demostración si fuera impersonal o mecánica. Cuando digo «personal» no quiero decir privada o individual.

> Todas nuestras oraciones se unen a la oración incesante de Cristo y forman parte de la oración de la iglesia. (Al orar por las personas que a uno le desagradan, me parece útil recordar que uno se está uniendo a la oración de *Dios* por ellas).
>
> —*COLLECTED LETTERS*, 5 DE ENERO DE 1951, A MRS. ARNOLD

la perspectiva) el modo de nuestra percepción. Por lo tanto, en realidad no se trata de que Dios, en un momento del tiempo (el momento de la creación), adapte la historia material del universo por adelantado a los actos libres que usted o yo vamos a realizar en un momento posterior del Tiempo. Para Él todos los acontecimientos físicos y todos los actos humanos están presentes en un eterno Ahora. La liberación de voluntades finitas y la creación de toda la historia material del universo (relacionada con los actos de esas voluntades en toda la complejidad necesaria) es para Él una sola operación. En este sentido, Dios no creó el universo hace mucho tiempo, sino que lo crea en este momento, en cada instante.

Supongamos que me encuentro un papel en el que ya hay dibujada una línea ondulada negra, ahora puedo sentarme y dibujar otras líneas (digamos en rojo) con una forma que se combine con la línea negra formando un patrón. Supongamos ahora que la línea negra original es consciente. Pero no es consciente a lo largo de toda su longitud, sino en cada punto de esa longitud.

De hecho, su consciencia viaja a lo largo de esa línea de izquierda a derecha reteniendo el punto A solo como un recuerdo cuando llega a B y sin poder ser consciente de C hasta que haya salido de B. Demos también a esta línea negra libre albedrío. Elige la dirección en la que va. Su forma ondulada particular es la forma que quiere tener. Pero mientras que ella es consciente de su propia forma elegida solo momento a momento y no sabe en el punto D hacia dónde decidirá girar en el punto F, yo puedo ver su forma como un todo y toda a la vez. En cada momento encontrará mis líneas rojas esperándola y adaptándose a ella. Por supuesto, es así porque yo, al componer el diseño total rojo y negro tengo a la vista todo el recorrido de la línea negra y lo tengo en cuenta. No es una cuestión de imposibilidad, sino simplemente de habilidad del diseñador, que yo conciba líneas rojas que en cada punto tengan una relación correcta, no solo con la línea negra, sino también entre sí, para llenar todo el papel con un diseño satisfactorio.

En este modelo, la línea negra representa una criatura con libre albedrío, las líneas rojas representan los acontecimientos materiales y yo represento a Dios. Por supuesto, el modelo sería más exacto si yo hiciera el papel, así como el patrón, y si hubiera cientos de millones de líneas negras en lugar de una, pero en aras de la simplicidad debemos dejarlo así.

Se verá que si la línea negra me dirigiera sus oraciones, yo podría (si así lo decidiera) concedérselas. Ora para que, cuando llegue al punto N, encuentre las líneas rojas dispuestas a su alrededor con una forma determinada. Esa forma puede necesitar, por las leyes del diseño, estar equilibrada por otras disposiciones de líneas rojas en partes muy diferentes del papel: algunas en la parte superior o inferior, tan lejos de la línea negra que no sabe nada de ellas; algunas tan a la izquierda que vienen antes del comienzo de la línea negra, otras tan a la derecha que vienen después de su final. (La línea negra llamaría a estas partes del papel «El tiempo antes de mi nacimiento» y «El tiempo después de mi muerte»). Pero estas otras partes del patrón exigidas por esa forma roja que la línea negra quiere en N no impiden que le conceda su plegaria. Porque todo su curso ha sido visible para mí desde el momento en que miré el papel y sus exigencias en el punto N están entre las cosas que tuve en cuenta al decidir el patrón total.

La mayoría de nuestras oraciones, si se analizan a fondo, piden o bien un milagro o bien acontecimientos cuyos cimientos tendrán que haber sido puestos antes de que yo naciera, es más, puestos cuando empezó el universo. Pero para Dios (aunque no para mí) tanto yo como la oración que hago en 1945 estábamos tan presentes en la creación del mundo como lo estamos ahora y lo estaremos dentro de un millón de años. El acto creador de Dios es intemporal y está adaptado de forma intemporal a los elementos «libres» que hay en él: pero esta adaptación intemporal se encuentra con nuestra consciencia como una secuencia y como oración y respuesta.

De ello se siguen dos corolarios:

1. A menudo la gente se pregunta si un acontecimiento determinado (no un milagro) fue realmente una respuesta a la oración o no. Creo que si analizan su pensamiento se darán cuenta de que están preguntando: «¿Lo hizo Dios con un propósito especial o habría ocurrido de todos modos como parte del devenir natural de los acontecimientos?». Pero se hace imposible cualquiera de las dos respuestas. En la obra *Hamlet*, Ofelia se sube a una rama que sobresale de un río: la rama se rompe, ella cae y se ahoga. ¿Qué respondería usted si alguien le preguntara: «¿Murió Ofelia porque Shakespeare, por razones poéticas, quería que muriera en ese momento o porque la rama se rompió? Creo que habría que decir: "Por ambas razones"». Todos los hechos de la obra ocurren como resultado de otros hechos de la obra, pero también todos los hechos ocurren porque el poeta quiere que

ocurran. Todos los acontecimientos de la obra son acontecimientos shakesperianos; del mismo modo, todos los acontecimientos del mundo real son acontecimientos providenciales. Sin embargo, todos los acontecimientos de la obra se producen (o deberían producirse) por la lógica argumental de los acontecimientos. Del mismo modo, todos los acontecimientos del mundo real (excepto los milagros) se producen por causas naturales. La «Providencia» y la causalidad natural no son alternativas; ambas determinan todos los acontecimientos porque ambas son una.

2. Cuando oramos por el resultado, por ejemplo, de una batalla o de una consulta médica, a menudo se nos pasa por la cabeza la idea de que (ojalá lo supiéramos) el acontecimiento ya está decidido en un sentido o en otro. Creo que esto no es razón para dejar de orar. Es cierto que el acontecimiento ya está decidido; en cierto modo, se decidió «antes de todos los mundos». Pero una de las cosas que se han tenido en cuenta para decidirlo, y por lo tanto una de las cosas que realmente hacen que ocurra, puede ser

esta misma oración que estamos ofreciendo ahora. Así pues, por chocante que pueda parecer, concluyo que a las doce de la mañana podemos convertirnos en parte de las causas de un suceso que ocurra a las diez de la mañana (a algunos científicos esto les resultará más fácil que al pensamiento popular). Se preguntará: «Entonces, si dejo de orar, ¿puede Dios volver atrás y alterar lo que ya ha sucedido?». No. El suceso ya ha ocurrido y una de sus causas ha sido que usted se haga esas preguntas en lugar de orar. Se preguntará: «Entonces, si empiezo a orar, ¿puede Dios volver atrás y alterar lo que ya ha sucedido?». No. El suceso ya ha ocurrido y una de sus causas es su oración actual. Por lo tanto, algo depende realmente de mi elección. Mi acto libre contribuye a la forma cósmica. Esa contribución se hace en la eternidad o «antes de todos los mundos»; pero mi consciencia de haber contribuido me llega en un punto concreto de la serie temporal.

Se puede plantear la siguiente pregunta: si es razonable orar por un acontecimiento que, de hecho, debe de haber sucedido o no hace varias horas, ¿por qué no podemos orar por un acontecimiento que sabemos que *no* ha sucedido? Por ejemplo, orar por la seguridad de alguien que, según sabemos, fue asesinado ayer. Lo que marca la diferencia es precisamente nuestro conocimiento. El acontecimiento conocido es la voluntad de Dios. Es psicológicamente imposible orar por lo que sabemos que es inalcanzable; y si fuera posible, la oración pecaría contra el deber de sometimiento a la voluntad conocida de Dios.

Queda por extraer una consecuencia más. Nunca es posible demostrar empíricamente que un determinado acontecimiento no milagroso fue o no una respuesta a la oración. Puesto que no fue milagroso, el escéptico siempre puede señalar sus causas naturales y decir: «Debido a ellas, habría ocurrido de todos modos», y el creyente siempre puede responder: «Pero como solo eran eslabones de una cadena de acontecimientos, que dependen de otros eslabones, y toda la cadena depende de la voluntad de Dios, pueden haberse producido porque alguien oró». La eficacia de la oración, por lo tanto, no puede ser ni afirmada ni negada sin un ejercicio de la voluntad: la voluntad que elige o rechaza la fe a la luz de toda una filosofía. No puede haber pruebas experimentales en ninguno de los dos lados. En la secuencia M—N—O, el acontecimiento N, a menos que sea un milagro, siempre es causado por M y causa O; pero la verdadera cuestión es si la serie total (digamos A—Z) se origina o no en una voluntad que pueda tener en cuenta las oraciones humanas.

Esta imposibilidad de comprobación empírica es una necesidad espiritual. Un hombre que supiera empíricamente que un suceso ha sido causado por su oración se sentiría como un mago. Le daría vueltas la cabeza y se le corrompería el corazón. El cristiano no debe preguntarse si tal o cual hecho ocurrió a causa de una oración. Más bien debe creer que todos los acontecimientos, sin excepción, son *respuestas* a la oración, en el sentido de que, tanto si se trata de concesiones como de rechazos, se han tenido en cuenta las oraciones de todos los implicados y sus necesidades. Todas las oraciones son escuchadas, aunque no todas se conceden. No debemos imaginarnos el destino como una película que se desarrolla en su mayor parte por sí sola, pero en la que nuestras oraciones pueden insertar a veces elementos adicionales. Por el contrario, lo que la película nos muestra mientras se desarrolla ya contiene los resultados de nuestras oraciones y de todos nuestros otros actos. No se trata de *si* un suceso determinado ha ocurrido gracias a su oración. Cuando se produce el hecho por el que oró, la oración siempre ha contribuido a ello. Cuando se da el suceso contrario, su oración no ha sido ignorada, sino que ha sido considerada y rechazada, para su bien final y el de todo el universo. (Por ejemplo, porque a la larga es mejor para usted y para todos los demás que otras personas, incluso las malvadas, ejerzan el libre albedrío y no que usted sea protegido de la crueldad o la traición haciendo que la raza humana se convierta en un autómata). Pero esto es, y debe seguir siendo, una cuestión de fe. Creo que solo se engañará a usted mismo si trata de encontrar pruebas especiales para ello en algunos casos más que en otros.

¿LA ORACIÓN REQUIERE UNA INTROSPECCIÓN MORBOSA DE NUESTROS PECADOS?

CUANDO DIOS OBSERVA en tu oficina, tu iglesia, tu escuela, tu hospital, tu fábrica o tu casa, Él ve así a todas esas personas, y por supuesto, ve a una más, a la que tú no ves. Porque podemos estar muy seguros de que, al igual que en otras personas hay algo en lo que nuestros mejores esfuerzos han fracasado una y otra vez, así en nosotros hay algo igualmente fatal, en lo que los esfuerzos de ellas han fracasado una y otra vez. Si somos principiantes en la vida cristiana, no tenemos nada que nos aclare ese defecto fatal. ¿Sabe la

---

God in the Dock (del capítulo titulado «Miserable Offenders»).

persona que tiene halitosis? ¿Sabe el pesado del Club que es un pesado? ¿Hay algún hombre o mujer que se considere un pesado o reconozca ser celoso? Sin embargo, el mundo está bastante bien provisto de tales personas. Si somos así, todo el mundo lo sabrá antes que nosotros. Te preguntas por qué tus amigos no te lo han contado. Pero, ¿y si sí lo han hecho? Puede que lo hayan intentado una y otra vez; pero en todas las ocasiones pensamos que tenían un comportamiento extraño, que estaban de mal humor, o simplemente equivocados. Lo han intentado una y otra vez, y probablemente ya han renunciado a seguir.

¿Qué hay que hacer al respecto? ¿De qué sirve que me hablen del defecto fatal si no tengo constancia de él? Creo que el primer paso es ceñirse a los defectos que uno conoce. Me dirijo a los cristianos. Muchos de ustedes, sin duda, están muy por delante de mí en el camino cristiano. No me corresponde a mí decidir si otra persona debe confesar sus pecados a un ministro o no... pero si no lo hace, debería al menos escribir una lista en un papel, y hacer un acto serio de penitencia

🦢

Creo que tiene toda la razón al cambiar su forma de orar de vez en cuando, y supongo que todos los que oran en serio hacen lo mismo. Las necesidades y capacidades propias cambian y además, en criaturas como nosotros, las oraciones excelentes pueden «morir» si las usamos por demasiado tiempo. Me parece que la cuestión de si uno debe usar oraciones escritas compuestas por otras personas, o con sus propias palabras, o practicar la oración sin palabras, o en qué proporción debe mezclar las tres, es algo a lo que cada individuo debe responder desde su propia experiencia. Yo mismo encuentro que las oraciones sin palabras son las mejores *cuando* puedo practicarlas, pero solo puedo hacerlo *cuando* estoy libre de distracciones y con la mejor salud espiritual y física (o la que creo que es mejor). Pero otra persona podría verlo de otra manera.

—*COLLECTED LETTERS*, 20 DE OCTUBRE DE 1952,
A MRS. ARNOLD

con respecto a cada uno de ellos. Hay algo en las simples palabras, ya sabes, siempre que evites dos peligros, o bien la exageración sensacionalista —tratando de hacer que las cosas se conviertan en pecados melodramáticos a partir de cuestiones menores—, o bien el peligro opuesto de suavizar las cosas. Es esencial usar el lenguaje sencillo y anticuado que usarías para cualquier otra persona. Me refiero a palabras como robo, o fornicación, u odio, en lugar de «no quise ser deshonesto», o «no era más que un muchacho entonces», o «perdí los estribos». Creo que este enfrentarse firmemente a lo que uno sabe y llevarlo ante Dios, sin excusas, y pedir seriamente el Perdón y la Gracia, y decidir tanto como uno pueda hacerlo mejor, es la única manera de empezar a conocer esa cosa fatal que siempre está ahí, y que nos impide ser perfectamente justos con nuestra esposa o esposo, o ser un mejor jefe o empleado. Si se pasa por este proceso, no dudo que la mayoría de nosotros llegará a comprender y a compartir estas viejas palabras como «contrito», «miserable» e «intolerable».

¿Suena muy tétrico? ¿Fomenta el cristianismo la introspección morbosa? La alternativa es mucho más morbosa. Los que no piensan en sus propios pecados lo compensan pensando continuamente en los de los demás. Es más sano pensar en los propios. Es lo opuesto al morbo. Ni siquiera es, a la larga, muy deprimente. Un intento serio de arrepentirse y conocer realmente los propios pecados es, a la larga, un proceso que alivia y libera. Por supuesto, al principio habrá consternación y a menudo terror, y más tarde un gran dolor, pero a la larga eso es mucho menos que la angustia de un cúmulo de pecados sin arrepentimiento y sin examen, acechando en el fondo de nuestra mente. Es la diferencia entre el dolor de muelas por el que hay que ir al dentista y el simple dolor directo que sabes que se reduce por momentos cuando te sacan la muela.

¿QUÉ CONSEJOS DARÍAMOS PARA EVITAR POR COMPLETO A DIOS Y LA ORACIÓN?

(La perspectiva del diablo)

Nota del editor: En Cartas del diablo a su sobrino, *Lewis escribió desde la perspectiva de un demonio maestro en tentación llamado Escrutopo que aconseja a un demonio más joven, Orugario, encargado de tentar a un ser humano en particular, por lo que se espera que el lector interprete algunas cosas (como que «el Enemigo» significa Dios) para aprovechar este agudo examen del funcionamiento de nuestras almas.*

PARTE I: ASEGÚRATE DE QUE TUS ORACIONES SEAN ESPECIALMENTE «ESPIRITUALES»

Mi querido Orugario:

Por supuesto, es imposible impedir que ore por su madre, pero disponemos de medios para hacer inocuas estas oraciones: asegúrate de que sean siempre muy «espirituales», de que siempre se preocupe por el estado de su alma y nunca por su reúma. De ahí se derivarán dos ventajas. En primer lugar, su atención se mantendrá fija en lo que él considera pecados de su madre, lo cual, con un poco de ayuda por tu parte, puede conseguirse que haga referencia a cualquier

---

Cartas del diablo a su sobrino (del capítulo 3).

acto de su madre que a tu paciente le resulte inconveniente o irritante. De este modo, puedes seguir restregando las heridas del día, para que escuezan más, incluso cuando está postrado de rodillas; la operación no es nada difícil, y te resultará muy divertida. En segundo lugar, ya que sus ideas acerca del alma de su madre han de ser muy rudimentarias, y con frecuencia equivocadas, orará, en cierto sentido, por una persona imaginaria, y tu misión consistirá en hacer que esa persona imaginaria se parezca cada día menos a la madre real, a la señora de lengua puntiaguda con quien desayuna. Con el tiempo, puedes hacer la separación tan grande que ningún pensamiento o sentimiento de sus oraciones por la madre imaginaria podrá influir en su tratamiento de la auténtica. He tenido pacientes tan bien controlados que, en un instante, podía hacerles pasar de pedir apasionadamente por el «alma» de su esposa o de su hijo a pegar o insultar a la esposa o al hijo de verdad, sin el menor escrúpulo.

[…]

Las inexpertas sugerencias que haces en tu última carta me indican que ya es hora de que te escriba detalladamente acerca del penoso tema de la oración. Te podías haber ahorrado el comentario de que mi consejo referente a las oraciones de tu paciente por su madre «tuvo resultados particularmente desdichados». Ese no es el género de cosas que un sobrino debiera escribirle a su tío..., ni un tentador subalterno al subsecretario de un Departamento. Revela, además, un desagradable afán de eludir responsabilidades; debes aprender a pagar tus propias meteduras de pata.

Lo mejor, cuando es posible, es alejar totalmente al paciente de la intención de orar en serio. Cuando el paciente, como tu hombre, es un adulto recién reconvertido al partido del Enemigo, la mejor forma de lograrlo consiste en incitarle a recordar —o a creer que recuerda— lo parecidas a la forma de repetir las cosas de los loros que eran sus plegarias infantiles. Por reacción contra esto, se le puede convencer de que aspire a algo enteramente espontáneo, interior, informal, y no codificado; y esto supondrá, de hecho,

🔥

De todas mis patéticas derrotas y más aún
de todos los tantos que me he anotado;
de la astucia surgida en tu nombre
en el que, mientras los ángeles lloran, los
    espectadores ríen;
de todas mis pruebas sobre tu divinidad,
Tú, que no darás señales, me libras.

Los pensamientos son invenciones. No me
    dejes confiar, en vez
de en Ti, en la imagen desgastada de tu cabeza.
De todos mis pensamientos, incluso de mis
    pensamientos sobre Ti,
Oh, tú, justo silencio, cae y libérame.
Señor de la angosta portezuela y del ojo de la
    aguja,
toma de mí lo superfluo para que no muera.

—«ORACIÓN VESPERTINA DEL APOLOGISTA»,
MIENTRAS CAE LA RUINA Y OTROS POEMAS

para un principiante, un gran esfuerzo destinado a suscitar en sí mismo un estado de *ánimo* vagamente devoto, en el que no podrá producirse una verdadera concentración de la voluntad y de la inteligencia. Uno de sus poetas, Coleridge, escribió que él no oraba «moviendo los labios y arrodillado», sino que, simplemente, «se ponía en situación de amar» y se entregaba a «un sentimiento implorante». Esa es, exactamente, la clase de oraciones que nos conviene, y, como tiene cierto parecido superficial con la oración del silencio que practican los que están muy adelantados en el servicio del Enemigo, podemos engañar durante bastante tiempo a los pacientes listos y perezosos. Por lo menos, se les puede convencer de que la posición corporal es irrelevante para orar, ya que olvidan continuamente —y tú debes recordarlo siempre— que son animales y que lo que hagan sus cuerpos influye en sus almas. Es curioso que los mortales nos pinten siempre dándoles ideas, cuando, en realidad, nuestro trabajo más eficaz consiste en evitar que se les ocurran cosas.

Si esto falla, debes recurrir a una forma más sutil de desviar sus intenciones. Mientras estén pendientes del Enemigo, estamos vencidos, pero hay formas de evitar que se ocupen de Él. La más sencilla consiste en desviar su mirada de Él hacia ellos mismos. Haz que se dediquen a contemplar sus propias mentes y que traten de suscitar en ellas, por obra de su propia voluntad, *sentimientos* o *sensaciones*. Cuando se propongan solicitar caridad del Enemigo, haz que, en vez de eso, empiecen a tratar de suscitar sentimientos caritativos hacia ellos mismos, y que no se den cuenta de que es eso lo que están haciendo. Si se proponen pedir valor, déjales que, en realidad, traten de sentirse valerosos. Cuando pretenden orar para pedir perdón, déjales que traten de sentirse perdonados. Enséñales a medir el valor de cada oración por su eficacia para provocar el sentimiento deseado, y no dejes que lleguen a sospechar hasta qué punto esa clase de éxitos o fracasos depende de que estén sanos o enfermos, frescos o cansados, en ese momento.

Pero, claro está, el Enemigo no permanecerá ocioso entretanto: siempre que alguien ora, existe el peligro de que Él actúe inmediatamente, pues se muestra cínicamente indiferente hacia la dignidad de su posición y la nuestra, en tanto que espíritus puros, y permite, de un modo realmente impúdico, que los animales humanos arrodillados lleguen a conocerse a sí mismos. Pero, incluso si Él vence tu primera tentativa de desviación, todavía contamos con un arma más sutil. Los humanos no parten de una percepción directa del Enemigo como la que nosotros, desdichadamente, no podemos evitar. Nunca han experimentado esa horrible luminosidad, ese brillo abrasador e hiriente que constituye el fondo de sufrimiento permanente de nuestras vidas. Si contemplas la mente de tu paciente mientras ora, no verás *eso*; si examinas el objeto al que dirige su atención, descubrirás que se trata de un objeto compuesto y que muchos de sus ingredientes son francamente ridículos: imágenes procedentes de retratos del Enemigo tal como se apareció durante el deshonroso episodio conocido como la Encarnación; otras, más vagas, y puede que notablemente disparatadas y pueriles, asociadas con sus otras dos Personas; puede haber, incluso, elementos de aquello que el paciente adora (y de las sensaciones físicas que lo acompañan), objetivados y atribuidos al objeto reverenciado. Sé de algún caso en el que aquello que el paciente llama su «Dios» estaba *localizado*, en realidad..., arriba y a la izquierda, en un rincón del techo de su dormitorio, o en su cabeza, o en un crucifijo colgado de la pared. Pero, cualquiera que sea la naturaleza del objeto compuesto, debes hacer que el paciente siga dirigiendo a este sus oraciones: a aquello que él ha creado, no a la Persona que le ha creado a él. Puedes animarle, incluso, a darle mucha importancia a la corrección y al perfeccionamiento de su objeto compuesto, y a tenerlo presente en su imaginación durante toda la oración, porque si llega a hacer la distinción, si alguna vez dirige sus oraciones conscientemente «no a lo que yo creo que Sois, sino a lo que Sabéis que Sois», nuestra situación será, por el momento, desesperada. Una vez descartados todos sus pensamientos e imágenes, o, si los conserva, conservados reconociendo plenamente su naturaleza puramente subjetiva, cuando el hombre se confía a la Presencia real, externa e invisible que está con él allí, en la habitación, y que no puede conocer como Ella le conoce a él... bueno, entonces puede suceder cualquier cosa. Te será de ayuda, para evitar esta situación —esta verdadera desnudez del alma en la oración—, el hecho de que los humanos no la desean tanto como suponen: ¡se pueden encontrar con más de lo que pedían!

PARTE 2: DEBES CREER QUE NO
ERES UN BUEN CRISTIANO

Mi querido Orugario:

... Por este motivo, casi celebro saber que todavía asiste a la iglesia y comulga. Sé que esto tiene peligros; pero cualquier cosa es buena con tal de que no llegue a darse cuenta de hasta qué punto ha roto con los primeros meses de su vida cristiana: mientras conserve externamente los hábitos de un cristiano, se le podrá hacer pensar que ha adoptado algunos amigos y diversiones nuevos, pero que su estado espiritual es muy semejante al de seis semanas antes, y, mientras

Cartas del diablo a su sobrino (del capítulo 12).

piense eso, no tendremos que luchar con el arrepentimiento explícito por un pecado definido y plenamente
reconocido, sino solo con una vaga, aunque incó-
moda, sensación de que no se ha portado muy bien
últimamente.

Esta difusa incomodidad necesita un manejo cui-
dadoso. Si se hace demasiado fuerte, puede desper-
tarle, y echar a perder todo el juego. Por otra parte,
si las suprimes completamente —lo que, de pasada,
el Enemigo probablemente no permitirá—, perde-
mos un elemento de la situación que puede conseguirse que nos sea favorable. Si se permite que tal
sensación subsista, pero no que se haga irresistible y
florezca en un verdadero arrepentimiento, tiene una
invaluable tendencia: aumenta la resistencia del paciente a pensar en el Enemigo. Todos los humanos,
en casi cualquier momento, sienten en cierta medida
esta reticencia; pero cuando pensar en Él supone en-
cararse —intensificándola— con una vaga nube de
culpabilidad solo a medias consciente, tal resistencia
se multiplica por diez. Odian cualquier cosa que les

recuerde al Enemigo, al igual que los hombres en dificultades económicas detestan la simple visión de un talonario. En tal estado, tu paciente no solo omitirá sus deberes religiosos, sino que le desagradarán cada vez más. Pensará en ellos de antemano lo menos que crea decentemente posible, y se olvidará de ellos, una vez cumplidos, tan pronto como pueda. Hace unas

---

De ahí que las oraciones ofrecidas en estado de sequía sean las que más le agradan. Nosotros podemos arrastrar a nuestros pacientes mediante continua tentación, porque los destinamos tan solo a la mesa, y cuanto más intervengamos en su voluntad, mejor. Él no puede «tentar» a la virtud como nosotros al vicio. Él quiere que aprendan a andar, y debe, por tanto, retirar su mano; y solo con que de verdad exista en ellos la voluntad de andar, se siente complacido hasta por sus tropezones.

—*CARTAS DEL DIABLO A SU SOBRINO*

semanas necesitabas *tentarle* al irrealismo y a la falta de atención cuando oraba, pero ahora te encontrarás con que te recibe con los brazos abiertos y casi te implora que le desvíes de su propósito y que adormezcas su corazón. *Querrá* que sus oraciones sean irreales, pues nada le producirá tanto terror como el contacto efectivo con el Enemigo. Su intención será la de «dejar la fiesta en paz».

Al irse estableciendo más completamente esta situación, te irás librando, paulatinamente, del fatigoso trabajo de ofrecer placeres como tentaciones. Al irle separando cada vez más de toda auténtica felicidad, esa incomodidad, y su resistencia a enfrentarse con ella, y como la costumbre va haciendo al mismo tiempo menos agradables y menos fácilmente renunciables (pues eso es lo que el hábito hace, por suerte, con los placeres) los placeres de la vanidad, de la excitación y de la ligereza, descubrirás que cualquier cosa, o incluso ninguna, es suficiente para atraer su atención errante. Ya no necesitas un buen libro, que le guste de verdad, para mantenerle alejado de sus oraciones, de su trabajo o de su reposo; te bastará con una columna de anuncios por palabras en el periódico de ayer. Le puedes hacer perder el tiempo no ya en una conversación amena, con gente de su agrado, sino incluso hablando con personas que no le interesan lo más mínimo de cuestiones que le aburren. Puedes lograr que no haga absolutamente nada durante períodos prolongados. Puedes hacerle trasnochar, no yéndose de esas actividades sanas y extrovertidas que queremos evitarle pueden impedírsele sin darle *nada* a cambio, de tal forma que pueda acabar diciendo, como dijo al llegar aquí abajo uno de mis pacientes: «Ahora veo que he dejado pasar la mayor parte de mi vida sin hacer *ni* lo que debía *ni* lo que me apetecía». Los cristianos describen al Enemigo como aquel «sin quien nada es fuerte». Y la Nada es muy fuerte: lo suficiente como para privarle a un hombre de sus mejores años, y no cometiendo dulces pecados, sino en una mortecina vacilación de la mente sobre no sabe qué ni por qué, en la satisfacción de curiosidades tan débiles que el hombre es solo medio consciente de ellas, en tamborilear con los dedos y pegar taconazos, en silbar melodías que no le gustan, o en el largo y oscuro laberinto de unos ensueños que ni siquiera tienen lujuria o ambición para darles sabor, pero que, una vez iniciados por una asociación de ideas puramente casual, no pueden evitarse, pues la criatura está demasiado débil y aturdida como para librarse de ellos.

Dirás que son pecadillos, y, sin duda, como todos los tentadores jóvenes, estás deseando poder dar cuenta de maldades espectaculares. Pero, recuérdalo bien, lo único que de verdad importa es en qué medida apartas al hombre del Enemigo. No importa lo leves que puedan ser sus faltas, con tal de que su efecto acumulativo sea empujar al hombre lejos de la Luz y hacia el interior de la Nada. El asesinato no es mejor que la baraja, si la baraja es suficiente para lograr este fin. De hecho, el camino más seguro hacia el Infierno es el gradual: la suave ladera, blanda bajo el pie, sin giros bruscos, sin mojones, sin señalizaciones.

PARTE 3: TRATA LAS ORACIONES
COMO PRUEBAS DE DIOS

MI QUERIDO ORUGARIO:

Pareces estar consiguiendo muy poco por ahora. La utilidad de su «amor» para distraer su pensamiento del Enemigo es, por supuesto, obvia, pero revelas el pobre uso que estás haciendo de él cuando dices que la cuestión de la distracción y del pensamiento errante se han convertido ahora en uno de los temas principales de sus oraciones. Eso significa que has fracasado en gran medida. Cuando esta o cualquier otra distracción cruce su mente, deberías animarle a apartarla por

---

Cartas del diablo a su sobrino (del capítulo 27).

pura fuerza de voluntad y a tratar de proseguir su oración normal como si no hubiese pasado nada; una vez que acepta la distracción como su problema actual y expone *eso* ante el Enemigo y lo hace el tema principal de sus oraciones y de sus esfuerzos, entonces, lejos de hacer bien, has hecho daño. Cualquier cosa, incluso un pecado, que tenga el efecto final de acercarle al Enemigo, nos perjudica a la larga.

Un curso de acción prometedor es el siguiente: ahora que está enamorado, una nueva idea de la felicidad *terrena* ha nacido en su mente; y de ahí una nueva urgencia en sus oraciones de petición: sobre esta guerra y otros asuntos semejantes. Ahora es el momento de suscitar dificultades intelectuales acerca de esta clase de oraciones. La falsa espiritualidad debe estimularse siempre. Con el motivo aparentemente piadoso de que «la alabanza y la comunión con Dios son la verdadera oración», con frecuencia se puede atraer a los humanos a la desobediencia directa al Enemigo, Quien (en su habitual estilo plano, vulgar, sin interés) les ha dicho claramente que recen por el pan de cada día y por la curación de sus enfermos. Les ocultarás, naturalmente, el hecho de que la oración por el pan de cada día, interpretada en un «sentido espiritual», es en el fondo tan vulgarmente de petición como en cualquier otro sentido.

Ya que tu paciente ha contraído el terrible hábito de la obediencia, probablemente seguirá diciendo oraciones tan «vulgares» hagas lo que hagas. Pero puedes preocuparle con la obsesionante sospecha de que tal práctica es absurda y no puede tener resultados objetivos. No olvides usar el razonamiento: «Cara, yo gano; cruz, tú pierdes». Si no ocurre lo que él pide, entonces eso es una prueba más de que las oraciones de petición no sirven; si ocurre, será capaz, naturalmente, de ver algunas de las causas físicas que condujeron a ello, y «por tanto, hubiese ocurrido de cualquier modo», y así una petición concedida resulta tan buena prueba como una denegada de que las oraciones son ineficientes.

Tú, al ser un espíritu, encontrarás difícil de entender cómo se engaña de este modo. Pero debes recordar que él toma el tiempo por una realidad definitiva. Supone que el Enemigo, como él, ve algunas cosas como presentes, recuerda otras como pasadas y prevé otras como futuras; o, incluso si cree que el Enemigo no ve las cosas de ese modo, sin embargo, en el fondo de su corazón, considera eso como una particularidad del modo de percepción del Enemigo; no cree realmente (aunque diría que sí) que las cosas son tal como las ve el Enemigo. Si tratase de explicarle que las oraciones de los hombres de hoy son una de las incontables coordenadas con las que el Enemigo armoniza el tiempo que hará mañana, te replicaría que entonces el Enemigo siempre supo que los hombres iban a decir esas oraciones, y, por tanto, que no oraron libremente, sino que estaban predestinados a hacerlo. Y añadiría que el tiempo que hará un día dado puede trazarse a través de sus causas hasta la creación originaria de la materia misma, de forma que todo, tanto desde el lado humano como desde el material, está «dado desde el principio». Lo que debería decir es, por supuesto, evidente para nosotros: que el problema de adaptar el tiempo particular a las oraciones particulares es meramente la aparición, en dos puntos de su forma de percepción temporal, del problema total de adaptar el universo espiritual entero al universo corporal entero; que la creación en su totalidad actúa en todos los puntos del espacio y del tiempo, o mejor, que su especie de consciencia les obliga a enfrentarse con el acto creador completo y coherente como una serie de acontecimientos sucesivos. *Por qué* ese acto creador deja sitio a su libre voluntad es el problema de los problemas, el secreto oculto tras las tonterías del Enemigo acerca del «Amor». *Cómo* lo hace no supone problema alguno, porque el Enemigo no prevé a los humanos haciendo sus libres aportaciones en el futuro, sino que los *ve* haciéndolo en su Ahora ilimitado. Y, evidentemente, *contemplar* a un hombre haciendo algo no es obligarle a hacerlo.

PARTE 4: CONCÉNTRATE EN
TU ESTADO DE ÁNIMO

Mi querido Orugario:

... No hay nada como el «suspense» y la ansiedad para parapetar el alma de un humano contra el Enemigo. Él quiere que los hombres se preocupen de lo que hacen; nuestro trabajo consiste en tenerles pensando qué les pasará.

Tu paciente habrá aceptado, por supuesto, la idea de que debe someterse con paciencia a la voluntad del Enemigo. Lo que el Enemigo quiere decir con esto es, ante todo, que debería aceptar con paciencia la

Cartas del diablo a su sobrino (del capítulo 6).

tribulación que le ha caído en suerte: el «suspense» y la ansiedad actuales. Es sobre *esto* por lo que debe decir: «Hágase tu voluntad», y para la tarea cotidiana de soportar *esto* se le dará el pan cotidiano. Es asunto tuyo procurar que el paciente nunca piense en el temor presente como en su cruz, sino solo en las cosas de las que tiene miedo. Déjale considerarlas sus cruces: déjale olvidar que, puesto que son incompatibles, no pueden sucederle todas ellas, y déjale tratar de practicar la fortaleza y la paciencia ante ellas por anticipado. Porque la verdadera resignación, al mismo tiempo, ante una docena de diferentes e hipotéticos destinos es casi imposible, y el Enemigo no ayuda demasiado a aquellos que tratan de alcanzarla: la resignación ante el sufrimiento presente y real, incluso cuando ese sufrimiento consiste en tener miedo, es mucho más fácil, y suele recibir la ayuda de esta acción directa.

Aquí actúa una importante ley espiritual. Te he explicado que puedes debilitar sus oraciones desviando su atención del Enemigo mismo a sus propios estados de ánimo con respecto al Enemigo. Por otra parte, resulta más fácil dominar el miedo cuando la mente del paciente es desviada de la cosa temida al temor mismo, considerado como un estado actual e indeseable de su propia mente; y cuando considere el miedo como la cruz que le ha sido asignada, pensará en él, inevitablemente, como en un estado de ánimo. Se puede, en consecuencia, formular la siguiente regla general: en todas las actividades del pensamiento que favorezcan nuestra causa, estimula al paciente a ser inconsciente de sí mismo y a concentrarse en el objeto, pero en todas las actividades favorables al Enemigo haz que su mente se vuelva hacia sí mismo. Deja que un insulto o el cuerpo de una mujer fijen hacia fuera su atención hasta el punto en que no reflexione: «Estoy entrando ahora en el estado llamado Ira... o el estado llamado Lujuria». Por el contrario, deja que la reflexión: «Mis sentimientos se están haciendo más devotos, o más caritativos» fije su atención hacia dentro hasta tal punto que ya no mire más allá de sí mismo para ver a nuestro Enemigo o a sus propios vecinos.

¿CÓMO HACER DE LA ORACIÓN UNA PRÁCTICA HABITUAL?

ESTIMADA SRA. _____:

He estado orando por usted a diario, como siempre, pero últimamente me he encontrado haciéndolo con mucha más preocupación y, sobre todo, hace unas dos noches, con un intenso sentimiento de lo agradable que sería, Dios mediante, recibir una carta suya con buenas noticias. Y entonces, como por arte de magia (de hecho es la magia más blanca del mundo) la carta llega hoy. No digo (para no caer en la necedad) que su alivio no se haya producido de hecho antes de mi oración, sino que parece que, en la delicadeza de mi

---

De *Letters to an American Lady*.

débil fe, Dios me hubiera movido a orar con especial ahínco justo antes de que fuera a concederme lo pedido. Cuán cierto es que nuestras oraciones son en realidad las de Dios; Él se habla a sí mismo a través de nosotros [...].

No creo que debamos tratar de mantener nuestras oraciones normales cuando estamos enfermos y exhaustos. Esto no se lo diría a un neófito que aún tiene que establecer el hábito. Pero usted ya ha superado esa etapa. No hay que convertir la vida cristiana en un puntilloso sistema de leyes [...] [y esto por] dos razones: (1) se suscitan escrúpulos cuando no mantenemos la rutina; (2) se suscita presunción cuando sí la mantenemos. Nada le da a uno una conciencia más espúreamente buena que cumplir las reglas, aunque haya habido una ausencia total de caridad y fe reales. Y las personas que no van a misa con la aprobación de su director espiritual y por orden de su médico son tan obedientes como las que sí van. Repase todos estos puntos con su confesor: apuesto a que dirá lo mismo. Y por supuesto la presencia de Dios no es

> Si uno ora en un jardín a primera hora, saldrá de él colmado de frescor y de alegría; pero si uno va con el propósito de conseguir eso, a partir de una cierta edad, de nueve veces sobre diez no sentirá nada.
>
> —*LOS CUATRO AMORES*

lo mismo que la sensación de la presencia de Dios. Esto último puede deberse a la imaginación; lo primero puede no tener ninguna «consolación sensible». El Padre no estaba realmente ausente del Hijo cuando este dijo: «¿Por qué me has abandonado?». Uno ve a Dios mismo, como hombre, sometido al sentimiento humano de abandono. El verdadero paralelismo en el plano natural suena extraño en un soltero que le escribe a una dama, pero es demasiado esclarecedor como para no utilizarlo. El acto por el que se engendra un hijo debe ser, y suele ser, acompañado por el placer. Pero no es el placer lo que da como resultado el bebé. Puede haber placer, pero con esterilidad: puede ser que no haya placer en el acto, pero que sea fértil. En el matrimonio espiritual de Dios y el alma sucede lo mismo. Es la presencia real, no la sensación de la presencia, del Espíritu Santo lo que engendra a Cristo en nosotros. El *sentido* de la presencia es un regalo añadido que agradecemos cuando llega, y eso es todo [...].

Todos pasamos por períodos de sequía en nuestras oraciones, ¿no es así? Dudo (pero pregúntele a su *directeur*) que sean necesariamente un mal síntoma. A veces sospecho que las que *sentimos* que son nuestras mejores oraciones son en realidad las peores; que lo que estamos disfrutando es la satisfacción del éxito aparente, como al ejecutar un baile o recitar un poema. ¿Será que nuestras oraciones salen mal a veces porque insistimos en tratar de hablar con Dios cuando es Él el que quiere hablar con nosotros? Joy me cuenta que una vez, años atrás, una mañana la persiguió la sensación de que Dios quería algo de ella, una presión persistente como el reproche de un deber descuidado. Y hasta media mañana siguió preguntándose qué era.

Pero en el momento en que dejó de preocuparse, la respuesta llegó tan clara como una voz audible. Era: «No quiero que *hagas* nada. Quiero *darte* algo»; e inmediatamente su corazón se llenó de paz y alegría. San Agustín dice que «Dios da donde encuentra manos vacías». Un hombre que tiene las manos llenas de paquetes no puede recibir ningún regalo. Tal vez estos paquetes no sean siempre pecados o preocupaciones terrenales; a veces pueden ser nuestros propios intentos quisquillosos de adorarlo a *nuestra* manera. Por cierto, lo que más a menudo interrumpe mis propias oraciones no son las grandes distracciones, sino las pequeñas, las cosas que uno tendrá que hacer o evitar en el transcurso de la hora siguiente [...].

Sí, a veces es difícil obedecer el «regocijaos» de san Pablo. Debemos tratar de afrontar la vida momento a momento. El *presente* suele ser bastante tolerable, creo yo, si nos abstenemos de añadir a su carga la del pasado y la del futuro. Cuánta razón tiene nuestro Señor con lo de «baste a cada día su propio afán». ¿No será que incluso las personas piadosas, en su reverencia por el elemento tan radiantemente divino de su Palabra, prestan a veces muy poca atención a su puro sentido común práctico? [...].

Oremos a toda costa unos por otros: es quizás la única forma de «obrar por la re-unión» que solo puede resultar en el bien. Dios la bendiga.

Le saluda atentamente,
C. S. LEWIS

¿CÓMO DEJAR MIS PROPIOS CAMINOS Y ORAR?

No HACE MUCHO, cuando estaba usando la Colecta para el cuarto domingo después de la Trinidad en mis oraciones privadas, descubrí que había tenido un *lapsus linguae*. Quería pedir que pudiese pasar por las cosas temporales de tal modo que no perdiese las eternas; me encontré con que había orado que pudiese servirme de las cosas eternas de tal modo que no perdiese las temporales. Por supuesto, no creo que un *lapsus linguae* sea un pecado. No estoy seguro de ser siquiera un freudiano suficientemente estricto como para creer que todos esos errores, sin excepción, son

---

El peso de la gloria (de «Lapsus linguae»).

profundamente significativos. Pero creo que algunos sí lo son, y pensé que este era uno de ellos. Pensé que lo que había pronunciado inadvertidamente expresaba con bastante exactitud algo que realmente deseaba.

Con bastante exactitud; no, por supuesto, con total exactitud. Nunca he sido tan estúpido como para pensar que pudiera, estrictamente hablando, «servirme» de lo eterno. De lo que quería disfrutar sin perjuicio de mis cosas temporales era de aquellas horas o momentos en los cuales me ocupo de lo eterno, en los cuales me abro a ello.

Voy a explicarles a qué me refiero. Digo mis oraciones, leo un libro devocional, me preparo para, o recibo, el sacramento. Pero mientras hago estas cosas hay, por así decirlo, una voz interior que me exige precaución. Me dice que tenga cuidado, que conserve la cabeza, que no vaya demasiado lejos, que no queme mis naves. Entro en la presencia de Dios con un gran miedo de que algo me pueda pasar dentro de esa presencia que resulte intolerablemente inconveniente cuando salga de nuevo a mi vida «normal».

No quiero ser arrastrado a cualquier decisión de la que me deba arrepentir más tarde. Porque sé que me sentiré bastante diferente después del desayuno; no quiero que me pase nada en el altar que me haga contraer una deuda más grande de lo que pueda pagar después. Sería muy desagradable, por ejemplo, asumir el deber de la caridad (mientras estoy en el altar) con tanta seriedad que después del desayuno tuviese que romper la deslumbrante respuesta que le había escrito ayer a un interlocutor insolente y que pensaba mandar hoy. Sería muy incómodo comprometerme con un programa de abstinencia que truncase mi cigarrillo de después del desayuno (o, en el mejor de los casos, hacer que sea la cruel alternativa a otro cigarrillo a media mañana). Incluso hay que cubrir los costes del arrepentimiento de actos pasados. Al arrepentirse, uno los reconoce como pecados, y por lo tanto no deben repetirse. Mejor dejar ese asunto pendiente.

La raíz principal de todas estas precauciones es la misma: proteger las cosas temporales. Y encuentro algunas evidencias de que esta tentación no es peculiar de mí. Un buen autor (cuyo nombre he olvidado) preguntaba en algún lugar: «¿Nunca nos hemos levantado de sobre nuestras rodillas con apuro por miedo a que la voluntad de Dios se convirtiese en algo demasiado inconfundible si seguíamos orando?». La siguiente historia se cuenta como verídica. Una mujer irlandesa que acaba de salir de confesión se encuentra en las escaleras de la capilla a otra mujer que era su gran enemiga en el pueblo. La otra deja volar un torrente de improperios. «¿No te da vergüenza —responde Biddy— hablarme de ese modo,

Plantea tus exigencias al cielo y se cumplirán.
pide la Estrella de la Mañana y toma (arroja)
tu amor terrenal. Sí, pero ¿cómo poner
el pie en el primer peldaño?, ¿cómo empezar?

—«FIVE SONNETS,» *POEMS*

cobarde, cuando estoy en gracia de Dios y no puedo contestarte? Pero tú espera. No voy a estar en gracia demasiado tiempo». Existe un excelente ejemplo tragicómico en *The Last Chronicle of Barset* de Trollope. El arcediano estaba enojado con su hijo mayor. En seguida hizo una serie de arreglos legales para perjuicio del hijo. Podrían haberse realizado todos fácilmente pocos días después, pero Trollope explica por qué el arcediano no podía esperar. Si esperaba al día siguiente tenía que pasar por sus oraciones vespertinas, y sabía que no sería capaz de llevar a cabo sus hostiles planes teniendo en medio la oración «perdona nuestras ofensas, así como nosotros perdonamos». Así que se dispuso a ello en primer lugar; decidió presentarse ante Dios con hechos consumados. Este es un caso extremo de las precauciones de las que estoy hablando; el hombre no asumirá riesgos en la proximidad de lo eterno hasta que haya asegurado por adelantado las cosas temporales.

Esta es mi perpetua tentación recurrente: descender a ese mar (creo que san Juan de la Cruz llamó a Dios un mar) y una vez allí no sumergirme, ni nadar, ni flotar, solo salpicar y chapotear, con cuidado de no perder pie y aferrándome a la cuerda salvavidas que me conecta con mis cosas temporales.

Esto es diferente de las tentaciones con las que nos tropezamos al comienzo de la vida cristiana. Entonces luchamos (al menos en mi caso) para no admitir de manera total las exigencias de lo eterno. Y cuando luchamos, y fuimos vencidos, y nos rendimos, supusimos que todo sería coser y cantar. Esta tentación viene después. Se dirige a aquellos que en principio ya han admitido esas exigencias e incluso están realizando alguna clase de esfuerzo para cumplirlas. Nuestra tentación es buscar con diligencia el mínimo aceptable. De hecho, somos prácticamente iguales que los contribuyentes honestos pero reticentes. Estuvimos de acuerdo con un impuesto sobre la renta en principio. Elaboramos nuestras declaraciones de renta con sinceridad. Pero temblamos ante un incremento del impuesto. Tenemos mucho cuidado de no pagar más de lo necesario. Y esperamos —muy ardientemente— que después de haber pagado quede lo suficiente para vivir.

Y fíjense en que estas advertencias que el tentador susurra en nuestros oídos son del todo verosímiles. De hecho, no creo que (después de la primera juventud) él intente engañarnos a menudo con una mentira directa. La verosimilitud es esto. Es realmente posible sentirse arrastrado por la emoción religiosa —el *entusiasmo*, como lo llamarían nuestros ancestros— hacia decisiones y actitudes que después tendremos motivos para lamentar. Y esto no de forma pecaminosa, sino racional, no cuando somos más mundanos, sino cuando más sabios somos. Nos podemos volver escrupulosos o fanáticos; podemos abrazar, en lo que parecería celo pero realmente es presunción, tareas que nunca se nos encargaron. Esta es la verdad de la tentación. La mentira consiste en la sugerencia de que nuestra mejor protección es una consideración prudente de la seguridad de nuestro bolsillo, nuestras indulgencias habituales y nuestras ambiciones. Pero eso es bastante falso. Nuestra verdadera protección hay

que buscarla en otra parte: en las costumbres cristianas habituales, en la teología moral, en el pensamiento
racional continuo, en el consejo de los buenos amigos
y de los buenos libros y (si es necesario) en un director espiritual capacitado. Las lecciones de natación
son mejores que una cuerda salvavidas hacia la orilla.

Porque, por supuesto, esa cuerda salvavidas es en
realidad una cuerda hacia la muerte. No existe paralelismo con pagar impuestos y vivir con lo que quede.
No es un tanto de nuestro tiempo y un tanto de nuestra atención lo que Dios pide: no es ni siquiera todo
nuestro tiempo y toda nuestra atención; es a nosotros
mismos. Las palabras del Bautista son ciertas para cada
uno de nosotros: «Es necesario que él crezca, pero
que yo mengüe». Él será infinitamente misericordioso
con nuestros repetidos fracasos; no conozco ninguna
promesa de que Él acepte un acuerdo premeditado.
Porque Él, en último término, no tiene nada que darnos salvo a sí mismo; y puede darlo solo en la medida
en que nuestra voluntad de autoafirmación se retire y
deje espacio para Él en nuestras almas. Preparemos

nuestras mentes para ello; no quedará nada «nuestro» que sobre para vivir, nada de vida «normal». No estoy diciendo que cada uno de nosotros tenga necesariamente el llamado a ser un mártir o un asceta. Aunque puede ser. Para algunos (nadie sabe quiénes), la vida cristiana incluirá mucho tiempo libre, muchas ocupaciones de las que disfrutamos de manera natural. Pero serán recibidas de la mano de Dios. En un cristiano perfecto serían tan parte de su «religión», de su «servicio», como sus tareas más arduas, y sus banquetes serían tan cristianos como sus ayunos. Lo que no se puede admitir —lo que solo debe existir como un enemigo imbatido pero al que se resiste diariamente— es la idea de algo que sea «nuestro», alguna área «extra» en la que Dios no tenga nada que decir.

Él lo reclama todo, porque es amor y tiene que bendecir. No puede bendecirnos a menos que nos tenga. Cuando intentamos mantener dentro de nosotros un área que es nuestra, tratamos de mantener una zona de muerte. Así que Él, enamorado, lo reclama todo. No hay componendas con Él.

Ese es, deduzco, el significado de todos esos dichos que tanto me alarman. Tomás Moro dijo: «Si realizas un contrato con Dios sobre cuánto le servirás, descubrirás que has firmado tú por ambos». Law, con su terrible y fría voz, dijo: «Muchos serán rechazados el día final, no porque no hayan invertido tiempo ni hayan puesto especial cuidado en su salvación, sino porque no han invertido suficiente tiempo ni han puesto suficiente cuidado»; y más adelante, en su más rico período behmenita: «Si no has elegido el reino de Dios, al final no tendrá ninguna importancia lo que hayas elegido en su lugar». Son palabras difíciles de aceptar. ¿Realmente no tendrá importancia si fueron las mujeres o el patriotismo, la cocaína o el arte, el *whisky* o un asiento en el Consejo de ministros, el dinero o la ciencia? Bueno, seguramente no importa la diferencia. Nos habremos perdido el fin para el cual fuimos creados y habremos rechazado la única cosa que satisface. ¿Acaso le importa a un hombre moribundo en un desierto en qué cruce de caminos se desvió de la ruta correcta?

¿CÓMO ASEGURARNOS DE QUE ES EL VERDADERO «YO» EL QUE ESTÁ ANTE EL VERDADERO «TÚ» EN LA ORACIÓN?

PARA MÍ EL momento de la oración es —o incluye como su condición— la conciencia, la conciencia doblemente despierta de que este «mundo real» y este «yo real» están lejos de ser realidades mínimas. Mientras estoy vivo, no puedo dejar el escenario para situarme detrás de la escena o para ocupar mi asiento en el patio de butacas. Pero puedo recordar que estas regiones existen. Y recuerdo asimismo que mi yo aparente —este bufón o héroe o figurante—, ese yo

---

Si Dios no escuchase. Cartas a Malcolm (del capítulo 15).

Solo Él, ante quien me inclino, sabe ante quién lo hago
cuando intento pronunciar el Nombre inefable,
    murmurándote a Ti,
cuando sueño fantasías de Fidias y abrazo de corazón
símbolos (lo sé) que no pueden ser lo que Tú eres.
Así, siempre, tomadas en su palabra, todas las
    oraciones blasfeman
venerando con frágiles imágenes un sueño folclórico,
y todos los hombres en sus oraciones, autoengañados,
    ponen en palabras
la creación de sus propios pensamientos inquietos, a
    menos que
Tú, en tu magnética misericordia, hacia Ti desvíes
nuestras flechas, con torpeza apuntadas, más allá del
    desierto;
y todos los hombres son idólatras, clamando sin ser
    escuchados
a un ídolo sordo, si Tú les tomas la palabra.
No tomes, Señor, nuestro sentido literal. Señor, en tu
    gran
discurso inquebrantable traduce nuestra metáfora
    renqueante.

—«NOTA AL PIE DE TODAS LAS ORACIONES»,
MIENTRAS CAE LA RUINA Y OTROS POEMAS

que se halla bajo una base de maquillaje, es una persona real con una vida fuera de la escena. El personaje dramático no podría pisar el escenario a menos que ocultara una persona real. Si no existiera el yo real y desconocido, ni siquiera podría equivocarme acerca del yo imaginado. En la oración, el yo real lucha por hablar, una vez siquiera, desde su ser real, y por dirigirse, una vez siquiera, no a los otros actores, sino a... ¿cómo debo llamar a Dios? ¿El Autor, pues nos ha inventado a todos? ¿El Director de escena, pues lo controla todo? ¿La Audiencia, pues mira y juzgará la representación?

El intento no es huir del espacio y el tiempo y de mi situación de criatura como sujeto que está enfrente de objetos. Es más modesto: volver a despertar la conciencia de esa situación. Si se puede hacer, no es preciso ir a ningún sitio más. Esta misma situación es en todo momento una posible teofanía. Aquí está el fundamento sagrado. Ahora está ardiendo el arbusto.

Como es natural, este intento puede estar acompañado de éxito o fracaso en mayor o menor grado.

La oración que precede a todas las oraciones es: «Que sea el yo real el que habla; que sea el Tú real aquel

Todas aquellas expresiones de indignidad que la práctica cristiana pone en boca del creyente aparecen ante los extraños como las degradantes, insinceras y abyectas palabras de un adulador ante el tirano o, en el mejor de los casos, como una *façon de parler*, como esa desvalorización de sí mismo de un caballero chino cuando se autonominaba «esta ordinaria e ignorante persona». En realidad, sin embargo, esas expresiones manifiestan el intento, continuamente renovado, porque continuamente necesario, de negar esa falsa concepción de nosotros mismos y de nuestra relación con Dios que la naturaleza, hasta cuando oramos, nos está siempre recomendando. Tan pronto como creemos que Dios nos ama surge como un impulso por creer que es no porque Él es Amor, sino porque nosotros somos intrínsecamente amables.

—*LOS CUATRO AMORES*

al que hablo». Infinitamente diversos son los niveles desde los que oramos. La intensidad emocional no es en sí misma prueba de profundidad espiritual. Si oramos sintiendo terror, oraremos seriamente. Eso prueba solo que el terror es una emoción seria. Solo Dios puede bajar el cubo a las profundidades en nosotros. Y, por otro lado, tiene que obrar constantemente como el iconoclasta; cualquier idea que nos formemos de Él tiene que aniquilarla misericordiosamente. El resultado más dichoso de la oración sería levantarse pensando: «Nunca antes supe, nunca antes soñé...». Supongo que fue en un momento así en el que Tomás de Aquino dijo del conjunto de su propia teología: «Me recuerda a la paja».

¿CÓMO SER COMO DAVID Y DELEITARSE EN LA ORACIÓN?

Lo MÁS VALIOSO que los salmos hacen por mí es expresar ese mismo deleite en Dios que hizo que David bailara. No estoy diciendo que esto sea algo tan puro o tan profundo como el amor a Dios alcanzado por los más grandes santos y místicos cristianos. Pero no lo estoy comparando con eso, sino con el mero «ir a la iglesia» obligatorio y con esa laboriosa «repetición de nuestras oraciones» a los que la mayoría de nosotros —no siempre, gracias a Dios— nos limitamos. En contra de ello, destaca por ser algo sorprendentemente robusto,

---

Reflexiones sobre los Salmos (del capítulo 5, «La belleza del Señor»).

119

viril y espontáneo; algo que quizá miremos con una envidia inocente y de lo que confiamos en infectarnos a medida que leamos.

Por las razones que he dado, este placer está centrado en el Templo. Los poetas más sencillos no distinguen de hecho entre el amor de Dios en lo que podríamos llamar (con cierto peligro) «un sentido espiritual» y su goce en los festivales del Templo. No debemos malinterpretarlo. Los judíos no eran, como los griegos, un pueblo analítico y lógico; de hecho, con la excepción de los griegos, ningún pueblo de la antigüedad lo era. El tipo de distinción que podemos trazar fácilmente entre aquellos que realmente están cumpliendo con su culto a Dios en la iglesia y quienes disfrutan «de un bello servicio» por motivos musicales, arqueológicos o meramente sentimentales, habría sido imposible de alcanzar para ellos. Nos acercaremos más a su mentalidad si pensamos en un moderno granjero pío que va a la iglesia el día de Navidad o a dar gracias por la cosecha. Me refiero, claro, a uno que crea de verdad, que sea un comulgante habitual; no a uno que vaya solo en esas ocasiones y que por eso sea (no en el peor, sino en el mejor sentido de la palabra) un pagano, que practique la piedad pagana, que se incline ante lo desconocido —y en otras ocasiones lo olvidado— en las grandes festividades anuales. El hombre que me estoy imaginando es un verdadero cristiano. Pero no le haríamos ningún favor si le pidiéramos que separara, en esos momentos, unos elementos exclusivamente religiosos del resto —del campechano placer social en un acto público, del goce de los himnos (y la gente), del recuerdo de estas tradiciones desde su niñez, de la bien ganada anticipación del descanso tras la cosecha o la cena de Navidad que sigue a la iglesia—. En su cabeza, todo está ligado. Y eso era aún más cierto en cualquier hombre de la antigüedad, y especialmente en cualquier judío. Era un campesino, estaba muy cerca de la tierra. Nunca había oído que la música, la festividad o la agricultura estuvieran separadas de la religión, ni que la religión lo estuviera de ellas. La vida era una sola. Esto seguramente le ponía en peligro respecto a ciertos riesgos espirituales que gente más sofisticada puede evitar; pero también le daba privilegios de los que muchos carecen.

Por eso, cuando los autores de los salmos hablan de «ver» al Señor, o de que anhelan «verle», la mayoría de ellos se refiere a algo que les sucedió en el Templo. Describiríamos esto de un modo fatal si dijéramos que «solo se refieren a que han visto la fiesta». Sería mejor decir: «Si hubiéramos estado allí, solo habríamos visto la fiesta». Por eso, cuando en el salmo 68 se dice: «Aparece tu cortejo, oh Dios [...] hacia el santuario. Los cantores iban delante, los músicos detrás; en medio las doncellas con panderos», es casi como si el poeta dijera: «Miren, por ahí viene Él». Si hubiera estado allí, habría visto a los músicos y a las chicas con los tambores; además, como añadido, podría, o no, haber (como solemos decir) «sentido» la presencia de Dios. Quienes practicaban el culto en la antigüedad no eran conscientes de este dualismo. De forma similar, si un hombre moderno deseara «[estar] en la casa de Jehová todos los días de mi vida, para contemplar la hermosura de Jehová» (27:4), querría decir, por supuesto, que esperaba recibir, no sin la mediación de los sacramentos y la ayuda de otros «servicios», sino como algo diferenciable de ellos, algo que no se podría presumir que fuera consecuencia inevitable de ellos, de momentos frecuentes de visión espiritual o del amor «sensible» de Dios. Pero sospecho que el poeta del salmo no trazaba ninguna distinción entre «contemplar la hermosura del Señor» y los actos de culto en sí mismos.

Cuando la mente alcanza una mayor capacidad de abstracción y análisis, esta vieja unidad se parte en dos. Pero no será posible distinguir el rito de la visión de Dios antes de que exista el peligro de que el rito se

---

Usted no es David y nadie le ha dicho que luche contra Goliat. Acaba de alistarse. No vaya a desafiar a los paladines enemigos. Pase por su instrucción.

—*COLLECTED LETTERS*, 15 DE MAYO DE 1952,
A MRS. SONIA GRAHAM DEL MAGDALEN COLLEGE

convierta en un sustituto, y un rival, de Dios mismo. Una vez que podamos pensar en ellos de forma separada, esto sucederá; y tal vez el rito emprenda una vida rebelde, cancerígena, propia. Existe una etapa en la vida de un niño en la que no es capaz de separar el carácter religioso del meramente festivo de la Navidad o la Semana Santa. En una ocasión me contaron la historia de un niño pequeño y muy devoto a quien oyeron murmurar en una mañana de Pascua un poema compuesto por él mismo que comenzaba: «Huevos de chocolate y resurrección de Cristo». En mi opinión, para la edad que tenía, constituye un ejemplo admirable tanto de poesía como de fe. Pero, por supuesto, llegará el momento en el que el niño no podrá seguir disfrutando de esa unidad sin esfuerzo y de forma espontánea. Será capaz de distinguir los aspectos espirituales de los rituales y de los festivos de la Semana Santa; y los huevos de chocolate dejarán de ser sagrados. Y una vez que haya distinguido, tendrá que escoger qué prefiere. Si da prioridad a lo espiritual, seguirá teniendo la opción de degustar la Pascua a través de los huevos de chocolate; si da prioridad a los huevos, pronto no serán para él más que otro dulce. Han tomado vidas independientes y, por eso, se van marchitando. Ya haya tenido lugar en algún período del judaísmo, o en la experiencia personal de algunos judíos, aquí también ocurrió una situación aproximadamente paralela. La unidad se desplomó; los ritos de sacrificio se hicieron imposibles de distinguir del encuentro con Dios. Por desgracia, esto no quiere decir que cesaran o se hicieran menos importantes. De hecho, quizá a través de formas malvadas se convirtieron en más importantes. Tal vez pudieron entenderse como una especie de transacción comercial con un dios avaricioso que, de alguna forma, quería en realidad grandes cantidades de cadáveres y cuyos favores no podían satisfacerse en otros términos. O peor aún, se pudieron ver como lo único que Él quería, para que su puntual actuación le satisficiera sin obedecer sus demandas de piedad, juicio y verdad. Para los propios sacerdotes, el sistema completo era importante simplemente porque representaba tanto

> ✺
>
> Dios Todopoderoso, Padre de las luces, que por medio de tu amado Hijo nos has prometido que todos los que hacen tu voluntad conocerán tu doctrina: dame de tu gracia para que pueda vivir obedientemente y pueda crecer en la fe y el conocimiento de tu santa Palabra, por Jesucristo nuestro Señor.
>
> —*COLLECTED LETTERS*, 18 DE MARZO DE 1952

su arte como su sustento; toda su pedantería, todo su orgullo, toda su posición económica, se debía a ello. Cada vez hacían su arte más elaborado. Y el correctivo a esta forma de ver el sacrificio podía encontrarse en el propio judaísmo. Los profetas despotrican contra él continuamente. Incluso el Libro de los Salmos, a pesar de ser una colección tan centrada en el Templo, llega a hacerlo; como en el salmo 50, donde Dios le dice a su pueblo que todo el culto del Templo, considerado en sí mismo, no tiene sentido en absoluto, y ridiculiza en particular esa noción tan genuinamente pagana de que Él deba ser alimentado con carne asada. «Si yo tuviese hambre, no te lo diría a ti» (v. 12). En ocasiones me ha dado la impresión de que Él podría, de forma similar, preguntarle a un sacerdote moderno: «Si quisiera música —si estuviera investigando los detalles más recónditos de la historia del rito occidental—, ¿crees de verdad que tú serías la fuente de la que me fiaría?».

Esta posible degradación del sacrificio y sus reprimendas son, sin embargo, tan bien conocidas que no hay ninguna necesidad de resaltar su importancia. En lo que sí deseo insistir es en lo que creo que más necesitamos (o al menos yo más necesito): la gloria y el placer en Dios que encontramos en los salmos, que ya de forma lejana o cercana, en este o en otro ejemplo, pueda estar relacionada con el Templo. Este es el centro vivo del judaísmo. Estos poetas conocían muchas menos razones que nosotros para amar a Dios. No sabían que Él les ofrecía la gloria eterna; y mucho menos que Él moriría por ganarla para ellos. Y aun así, ellos expresan un anhelo de Dios, de su mera presencia, que solo llega a los mejores cristianos o a los cristianos en sus mejores momentos. Desean vivir sus días en el Templo para poder ver constantemente «la hermosura de Jehová» (27:4). Su deseo de ir hasta Jerusalén y «[presentarse] delante de Dios» es como una sed física (42:2). Desde Jerusalén, su presencia se manifiesta en «perfección de hermosura» (50:2). Si nos falta ese encuentro con Él, sus almas languidecen como «en tierra seca y árida donde no hay aguas» (63:1). Ansían ser «saciados del bien de tu casa» (65:4). Y solo podrán hallar la paz como un pájaro en el nido (84:3). Un día de estos «placeres» es mejor que una vida entera en cualquier otro sitio (v. 10).

Yo llamaría a esto —aunque la expresión pueda resultarles a algunos algo dura— «apetito por Dios» antes que «amor a Dios». El «amor a Dios» nos sugiere con demasiada facilidad la palabra «espiritual» en todos los sentidos negativos o restrictivos que por desgracia ha adquirido. Ninguno de esos antiguos poetas parece pensar que ellos tengan ningún mérito o sean píos por tener esos sentimientos; ni tampoco, por otra parte, que tengan privilegio alguno al recibir la gracia de poder sentirse así. Son, al mismo tiempo, menos mojigatos que el peor de nosotros y menos humildes —casi se diría que están menos sorprendidos— que el mejor de nosotros. El texto encierra toda la espontaneidad de un deseo natural, incluso físico. Es alegre y jocundo. Ellos están contentos y exultantes (9:2). Sus dedos se mueren por tocar el arpa (43:4), por el salterio y el arpa —«Despierta, salterio y arpa»— (57:8); cantemos, traed el tambor, traed «el arpa deliciosa y el salterio», cantaremos con alegría y aclamaremos con júbilo (81:1-2). Ruido, podría bien decirse. La mera música no es suficiente. Que todos, incluso los ignorantes gentiles, batan las manos (47:1). Que haya címbalos sonoros, no solo bien afinados, sino ruidosos, y danzas también (150:5). Que incluso las islas remotas —todas las islas eran remotas, pues los judíos no eran navegantes— compartan la alegría (97:1).

No estoy diciendo que este entusiasmo —si lo prefiere, este escándalo— pueda o deba ser revivido. Parte de él no puede revivirse porque no está muerto, sino que está aún con nosotros. Sería ocioso fingir que nosotros los anglicanos somos un magnífico ejemplo. Los romanos, los ortodoxos, el Ejército de Salvación, creo, han retenido más de ello que nosotros. Nosotros estamos terriblemente preocupados por el buen gusto. Pero incluso podemos estar exultantes. La segunda razón va mucho más allá. Todos los cristianos sabemos algo que los judíos no saben sobre lo que «cuesta redimir su alma». Nuestra vida como cristianos comienza al ser bautizados hacia la muerte; nuestras festividades más alegres se inician y se centran en un cuerpo roto y un derramamiento de sangre. Por eso hay una profundidad trágica en nuestro culto que al judaísmo le faltaba. Nuestra alegría ha de ser de un tipo que pueda coexistir con ello; para nosotros existe un contrapunto espiritual, mientras que ellos tenían una melodía simple. Pero esto no cancela la deuda de gozo que yo, al menos, siento que tenemos respecto a los salmos más alegres. En ellos, a pesar de la presencia de elementos que ahora deberíamos entender difíciles de ver como religiosos en absoluto, y de la ausencia de elementos que algunos hallarían esenciales en la religión, yo encuentro una experiencia plenamente centrada en Dios, que no solicita de Él más que su presencia, el regalo que Él constituye, gozoso en grado máximo e inconfundiblemente real. Lo que veo (por así decir) en las caras de estos antiguos poetas me dice muchísimo del Dios al que ellos y nosotros adoramos.

¿CÓMO ENTENDER LO QUE EL NUEVO TESTAMENTO ENSEÑA SOBRE LA ORACIÓN?

EL NUEVO TESTAMENTO contiene desconcertantes promesas acerca de que recibiremos aquello que pidamos con fe. La de Marcos 11:24 es la más asombrosa. Todo lo que pidamos, creyendo que se nos dará, se nos dará. No hay que dudar, al parecer, de que la petición no se confina a los dones espirituales. *Todo* lo que pidamos. No hay que dudar de que no se trata de una fe en Dios meramente general, sino de una fe en que se nos dará la cosa concreta que hemos pedido. No hay que dudar de que se nos dará, exactamente, lo que pedimos, no

---

Si Dios no escuchase. Cartas a Malcolm (del capítulo 11).

lo que pedimos u otra cosa que sea realmente mejor para nosotros. Y, para amontonar paradojas sobre paradojas, el griego no dice «*creyendo* que se nos dará». La lengua griega usa el aoristo, ἐλάβετε, que uno está tentado de traducir por «creyendo que se nos ha *dado*». Ignoraré, no obstante, esta última dificultad. No creo que el arameo tenga algo que nosotros, educados en la gramática latina, podamos admitir de ningún modo como tiempos tensos.

¿Cómo reconciliar esta sorprendente promesa con las dos cosas siguientes: (a) con los hechos observados, y (b) con la oración de Getsemaní y (a causa de la oración) con la opinión universalmente aceptada de que debemos pedirlo todo con una reserva («si es tu voluntad»)?

En cuanto a (a), no hay escapatoria posible.

Cada guerra, cada hambruna, cada plaga, casi cada lecho de muerte, son el monumento a una plegaria que no ha sido atendida. En este mismo momento, cientos de personas en esta isla se están enfrentando con un *fait accompli*, la misma cosa por la cual han orado noche y día, vertiendo su alma entera en la oración y, según pensaban, con fe. Han buscado y no han hallado. Han llamado a la puerta y no se ha abierto. «Lo que tanto temían ha caído sobre ellos».

En cuanto a (b), aunque mencionado con mucha menos frecuencia, es seguramente una dificultad parecida. ¿Cómo es posible en el mismo momento tener una fe perfecta —una fe imperturbable o perseverante, como dice Santiago (1:6)— en que se nos dará lo que hemos pedido y, a la vez, prepararnos dócilmente de antemano para una posible negativa? Si consideramos que la negativa es posible, ¿cómo podemos tener a la vez completa confianza en que no nos será negado lo que hemos pedido? Y si tenemos esa confianza, ¿cómo podemos considerar la posibilidad de una negativa?

Es fácil ver por qué se ha escrito mucho más sobre la adoración y la contemplación que sobre la «cruda» o «ingenua» oración de petición. Pueden ser —yo creo que lo son— formas más nobles de oración. Pero también es mucho más fácil escribir sobre ellas.

135

En cuanto a la primera dificultad, no pregunto por qué son denegadas tan a menudo nuestras peticiones. Cualquiera puede ver, en general, que esto tiene que ser así. Por ignorancia pedimos lo que no es bueno para nosotros o para los demás, o lo que intrínsecamente no es posible. Asimismo, atender la plegaria de uno implica rechazar la de otro. En todo esto hay muchas cosas difíciles de aceptar para nuestra voluntad, pero no hay nada que sea difícil de entender para nuestro entendimiento. El verdadero problema

Ruega por mí, Padre mío, para que no persista, por exceso de atrevimiento, en lo que no me está permitido, ni me aparte, por exceso de timidez, del esfuerzo debido: porque tanto el que toca el Arca sin autorización como el que, habiendo puesto la mano en el arado, la retira están perdidos.

—*COLLECTED LETTERS*,
5 DE ENERO DE 1953

es diferente. El problema no es por qué la negativa es tan frecuente, sino por qué es tan pródigamente prometido el resultado contrario.

¿Debemos proceder, entonces, de acuerdo con los principios de Vidler y desechar las promesas desconcertantes como «venerables arcaísmos» que tienen que ser «superados»? Es indudable que, incluso si no hubiera ninguna otra objeción, este método es demasiado sencillo. Si fuéramos libres para suprimir todos los datos embarazosos, no tendríamos, ciertamente, dificultades teológicas.

Pero, por la misma razón, no tendríamos ninguna solución ni habría progreso. Los mismos escritores de los «Tekkies», y no digamos los científicos, lo saben mejor. El hecho dificultoso, el aparente absurdo imposible de encajar en ninguna de las síntesis que hemos hecho, es precisamente lo que no tenemos que pasar por alto. Diez a uno, es en esta guarida en la que se oculta el zorro. Si tenemos claramente en mente un problema sin resolver, sigue habiendo esperanza, y desaparece si creemos que no hay ninguno.

Antes de seguir adelante, quiero hacer dos observaciones puramente prácticas:

1. Estas pródigas promesas es el peor modo posible de empezar la enseñanza cristiana con los niños o los paganos. Usted recordará lo que ocurrió cuando la Viuda espantó a Huck Finn con la idea de que podría conseguir lo que quisiera con tal de que orara por ello. Hizo el experimento y después, como es natural, nunca dio una segunda oportunidad al cristianismo. Haríamos mejor en no hablar de la opinión de la oración personificada en Marcos 11:24 como «ingenua» o «elemental». Si ese texto contiene una verdad, se trata realmente de una verdad para discípulos muy adelantados. No creo que esté en absoluto «dirigida a nuestra condición» (la suya y la mía).

Es una piedra de remate, no de cimiento. Para la mayoría de nosotros, el único modelo es la oración de Getsemaní. Mover montañas puede esperar.

2. No debemos fomentar, ni en nosotros ni en los demás, la tendencia a estimular un estado subjetivo

que, de tener éxito, podríamos describir como «fe», con la idea de que eso asegurará de algún modo que se concedan nuestras peticiones. Todos hemos hecho probablemente algo así cuando éramos niños. Pero el estado de la mente que puede crear el deseo desesperado de influir sobre una imaginación fuerte no es fe en sentido cristiano. Es un acto de gimnasia psicológica.

Me parece que debemos concluir que semejantes promesas acerca de la oración con fe se refieren a un grado o a una clase de fe de la que la mayoría de los creyentes no tiene experiencia. Espero que un grado muy inferior sea aceptable para Dios. Incluso la clase de fe que dice «remedia mi incredulidad» puede dar paso a un milagro. Por otra parte, la ausencia de una fe así, que asegure que se alcance lo que pide la oración, no es necesariamente un pecado. Nuestro Señor no tuvo semejante garantía cuando oró en Getsemaní.

¿Cómo o por qué a veces, pero no siempre, tiene que haber una fe semejante incluso en las personas cuyas peticiones son perfectas? Solo podemos, yo al menos, conjeturarlo. Mi opinión es que solo se da cuando el que ora lo hace como un compañero de trabajo de Dios que pide lo que necesita para el trabajo en común. La oración del profeta, del apóstol, del misionero, del sanador es elevada con esa confianza, y encuentra justificada su confianza por el acontecimiento. La diferencia, se nos ha dicho, entre un criado y un amigo es que el criado no conoce los secretos de su maestro. Para él, «las órdenes son órdenes». El criado tiene solo sus propias conjeturas sobre los planes que ayuda a ejecutar. Pero el compañero de trabajo, el compañero o (¿nos atrevemos a decirlo?) el colega de Dios está tan unido con él en ciertos momentos, que en su mente penetra algo de la presciencia divina. De aquí que su fe sea evidencia —es decir, claridad, certeza— de cosas no vistas.

Así como el amigo está sobre el criado, el criado está sobre el suplicante, sobre el hombre que ora por su propio interés. No es pecado ser suplicante. En Getsemaní, nuestro Señor desciende hasta la humillación de ser un suplicante, de orar por su propio interés. Sin embargo, cuando ora así, desaparece aparentemente la certeza acerca de la voluntad del Padre.

Según eso, para nosotros, que habitualmente somos suplicantes y no nos elevamos muy a menudo al nivel de criados, no sería verdadera fe imaginar que tendremos alguna seguridad no ilusa (o que lo sea solo por accidente) sobre los objetos de nuestras oraciones. Nuestro esfuerzo consiste (¿o no?) en lograr y conservar la fe en un nivel más bajo. Creer que, tanto si puede concedérnoslas como si no, Dios escuchará nuestras peticiones, las tendrá en cuenta. Incluso en seguir creyendo que hay Alguien que escucha, pues, cuando la situación se hace más y más desesperada, se inmiscuyen los miedos espantosos.

¿Estamos hablándonos a nosotros mismos en un universo vacío? El silencio es a menudo estremecedor. Y ya hemos orado demasiado.

¿CÓMO ORAR DURANTE EL DUELO?

NECESITO A JESUCRISTO y no a nada que se le parezca. Quiero a H. y no a nada que se asemeje a ella. Una fotografía realmente buena acabaría convirtiéndose en una trampa, un horror, un obstáculo.

Las imágenes, supongo, servirán de algo, si no no se habrían hecho tan populares. (Da casi igual que sean retratos y estatuas exteriores al pensamiento o construcciones imaginativas interiores a él). Para mí, sin embargo, el peligro que entrañan es más obvio. Las imágenes de lo Sagrado se convierten fácilmente en

---

Una pena en observación (del capítulo 4).

imágenes sagradas, sacrosantas. Mi idea de Dios no es una idea divina. Hay que hacerla añicos una vez y otra. La hace añicos Él mismo. Él es el gran icono-clasta. ¿No podríamos incluso decir que su destrozo es una de las señales de su presencia? La Encarnación es el ejemplo por excelencia; reduce a ruinas todas las nociones previas que del Mesías pudieran tenerse. Y a la mayoría de la gente le ofende la iconoclastia, pero benditos sean aquellos a quienes no les ofende. Lo mismo ocurre con nuestras plegarias privadas.

Toda la realidad es iconoclasta. La Amada terrenal, incluso en vida, triunfa incesantemente sobre la mera idea que se tiene de ella. Y quiere uno que así sea. Se la quiere con todas sus barreras, todos sus defectos y toda su imprevisibilidad. Es decir, es su directa e independiente realidad. Y esto, no una imagen o un recuerdo, es lo que debemos seguir amando, después de que ha muerto.

Pero «esto» resulta ahora inimaginable. En este sentido H. y todos los muertos son como Dios. En este sentido, amarla a ella se ha convertido, dentro de ciertos límites, como amarle a Él. En los dos casos tengo que hacer que el amor abra sus brazos y sus manos a la realidad (sus ojos aquí no cuentan), a través y por encima de toda la cambiante fantasmagoría de mis pensamientos, pasiones e imaginaciones. No debo conformarme con la fantasmagoría misma y adorarla en lugar de Él o amarla en lugar de ella.

No mi noción de Dios, sino Dios. No mi noción de H., sino H. Es más, tampoco la noción que tengo de mi vecino, sino mi vecino. Porque, ¿no es cierto que muchas veces cometemos este mismo error con respecto a personas todavía vivas, que están con

Supongo que el siguiente paso normal, tras el autoexamen, el arrepentimiento y la restitución, es tomar la comunión; y luego seguir como se pueda, orando como se pueda [...] y cumpliendo con las obligaciones diarias lo mejor posible.

—*COLLECTED LETTERS*, 4 DE ENERO DE 1941

nosotros en la misma habitación? Me refiero al error de hablar y tratar no con el hombre mismo, sino con el retrato —casi el *précis*— que nos hemos hecho de él *in mente*. Y tiene que desviarse enormemente de este retrato para que lleguemos a darnos cuenta siquiera de ello. En la vida real, las palabras y actos humanos, si bien se mira, pocas veces salen de un personaje o de lo que nosotros atribuimos a su personaje. (Y esta es una de las cosas en que la vida se diferencia de las novelas). Siempre le queda en la manga alguna carta que desconocíamos.

La razón por la que creo que yo hago esto con los demás es que veo que muchas veces ellos lo hacen conmigo. Todos creemos que a los demás ya los tenemos catalogados.

Pero puede que todo lo que vengo diciendo sea también un castillo de naipes. Y si lo es, Dios volverá a desbaratármelo. Me lo desbaratará todas las veces que haga falta. A no ser que me den por un caso perdido y me dejen en el infierno construyendo palacios de cartón por siempre jamás, «libre entre los muertos».

¿No me estaré arrimando servilmente a Dios por creer que si hay algún camino que lleva a H., este camino pasa por Él? Pero por otra parte, sé perfectamente que a Él no se le puede utilizar como camino. Si te acercas a Él no tomándolo como meta sino como camino, no como fin sino como medio, no te estás acercando para nada a Él. Esto era lo que en el fondo fallaba en todas las pinturas populares que representaban las felices reuniones en el más allá. No me refiero a las candorosas y concretas imágenes en sí, sino al hecho de que conviertan en Final lo que solamente puede ser un subproducto del verdadero Final.

¿Son estas, Señor, tus verdaderas condiciones? ¿Puedo encontrarme con H. solo si te llego a amar tanto que ya deje de importarme encontrarme con ella o no? Ponte, Señor, en nuestro caso. ¿Qué pensaría la gente de mí si les dijera a los niños: «Nada de caramelos ahora. Pero cuando seáis mayores y ya no los queráis, tendréis todos los que os dé la gana»?

Si supiera que el estar separado siempre de H. y olvidado por ella eternamente pudiera añadir mayor alegría y esplendor a su ser, por supuesto que diría: «¡Adelante!». Igual que, aquí en la tierra, si hubiera podido curar su cáncer a costa de no volverla a ver, me las habría arreglado para no volver a verla. Lo tendría que haber hecho. Cualquier persona decente lo habría hecho. Pero eso es algo completamente diferente. Esa no es la situación en que me encuentro.

Cuando le planteo estos dilemas a Dios, no hallo contestación. Aunque más bien es una forma especial de decir: «No hay contestación». No es la puerta cerrada. Es más bien como una mirada silenciosa y en realidad no exenta de compasión. Como si Dios moviese la cabeza no a manera de rechazo, sino esquivando la cuestión. Como diciendo: «Cállate, hijo, que no entiendes».

¿PODEMOS ORAR PARA EVITAR EL SUFRIMIENTO SI ES BUENO PARA NUESTRA ALMA?

EN EL CRISTIANISMO hay una paradoja sobre la tribulación. «Bienaventurados los pobres», pero estamos obligados a eliminar la pobreza siempre que sea posible mediante «el juicio» —es decir, la justicia social— y la limosna. «Bienaventurados los que padecen persecución», pero debemos evitar la persecución huyendo de una ciudad a otra, y es legítimo orar, como oró nuestro Señor en Getsemaní, para ser dispensados de ella. Si el sufrimiento es bueno,

---

El problema del dolor (del capítulo 7,
«Más sobre el dolor humano»).

¿no deberíamos perseguirlo en vez de evitarlo? Mi respuesta a esta pregunta es que el sufrimiento no es bueno en sí mismo. Lo verdaderamente bueno para el afligido en cualquier situación dolorosa es la sumisión a la voluntad de Dios. Para el observador de la tribulación ajena lo realmente beneficioso es, en cambio, la compasión que despierta y las obras de misericordia a las que mueve.

En un universo como el nuestro, caído y parcialmente redimido, debemos distinguir varias cosas: (1) el bien simple, cuyo origen es Dios; (2) el mal simple, producido por criaturas rebeldes; (3) la utilización de ese mal por parte de Dios para su propósito redentor; (4) el bien complejo producido por la voluntad redentora de Dios, al que contribuye la aceptación del sufrimiento y el arrepentimiento del pecador. El poder de Dios de hacer un bien complejo a partir del mal simple no disculpa a quienes hacen el mal simple, aunque puede salvar por misericordia. Esta distinción es de capital importancia. El escándalo es inevitable, mas ¡ay del que escandalizare!

En cuanto a si Dios quiere el sufrimiento, creo que [su ministro] está confundido. Debemos distinguir en Dios, e incluso en nosotros mismos, entre la voluntad absoluta y la voluntad relativa. Nadie desea que le saquen un diente, pero muchos *prefieren* que les saquen un diente *antes que* seguir con el dolor de muelas. Sin duda, de la misma manera, Dios nunca quiere el menor sufrimiento para ninguna criatura, pero puede quererlo en *lugar de* alguna alternativa: por ejemplo, quiso la crucifixión en lugar de que el Hombre quedara sin redención (y así *no* fue, en todos los sentidos, su voluntad que la copa pasara de su Hijo).

—*COLLECTED LETTERS*, 28 DE NOVIEMBRE DE 1953,
A MARY VAN DEUSEN

El pecado *hace* realmente que abunde la gracia, pero no podemos convertir ese hecho en excusa para seguir pecando. La misma crucifixión es el mejor —y también el peor— de todos los acontecimientos históricos, pero el *rôle* de Judas continúa siendo sencillamente perverso.

Estas ideas se pueden aplicar, en primer lugar, al problema del sufrimiento ajeno. El hombre misericordioso ambiciona el bien de su prójimo. Así, cooperando conscientemente con el «bien simple», hace la «voluntad de Dios». El hombre cruel oprime a su prójimo, y al obrar así hace el «mal simple». Pero al hacerlo es utilizado por Dios, sin saberlo ni dar su consentimiento, para producir el bien complejo. El primer hombre sirve a Dios como hijo y el segundo como instrumento. Obremos de un modo o de otro, realizaremos invariablemente los planes de Dios. Con todo, existe una gran diferencia entre servirle como Judas o como Juan. El sistema entero está calculado, digámoslo así, para el choque entre hombres buenos y malos. Asimismo, los beneficiosos frutos de la fortaleza, la paciencia, la piedad y la misericordia, por cuya virtud se permite al hombre cruel ser despiadado, presuponen que el hombre bueno persiste generalmente en la búsqueda del bien simple. Digo «generalmente» porque algunas veces tiene derecho a hacer daño a su prójimo —y, a mi juicio, incluso a matarlo—, mas únicamente en caso de necesidad extrema y cuando el bien que se espera obtener sea evidente. Normalmente, aunque no siempre, ese derecho se da cuando el que inflige dolor está revestido de autoridad para hacerlo, como el padre, cuya autoridad procede de la naturaleza, el magistrado o el soldado, que la obtiene de la sociedad civil, y el cirujano, al que le viene en la mayoría de los casos del paciente. Convertir esa idea en carta blanca para afligir a la humanidad por el hecho de que «la congoja es buena para los hombres» (como el lunático Tamberlaine de Marlowe alardeaba de ser el «azote de Dios») no significa quebrantar el esquema divino, sino ofrecerse como voluntario para desempeñar el papel de Satanás dentro de él. Quien haga este trabajo deberá estar preparado para recibir el salario correspondiente.

El problema de cómo eliminar el dolor propio admite una solución parecida. Algunos ascetas han recurrido a la mortificación. Como profano, no emito ninguna opinión sobre la prudencia de tal régimen de vida. Sean cuales sean sus méritos, yo insisto, no obstante, en que la mortificación es completamente diferente de la tribulación enviada por Dios. Ayunar es, como todo el mundo sabe, una experiencia distinta de dejar de hacer una comida fortuitamente o por razones de pobreza. El ayuno refuerza la voluntad frente al apetito. Su recompensa es el autodominio, y su mayor peligro, el orgullo. El hambre involuntaria somete los apetitos y la voluntad a la voluntad divina, pero también proporciona una ocasión para el sometimiento y nos expone al peligro de rebelión.

Lo que resulta consolador es que, a pesar de que el cristianismo está dividido acerca de la racionalidad, e incluso de la legitimidad de orar a los santos, todos estamos de acuerdo en la legitimidad de orar con ellos. «Con ángeles y arcángeles y todos los bienaventurados del cielo».

—*SI DIOS NO ESCUCHASE. CARTAS A MALCOLM*

En cambio, el efecto redentor del sufrimiento reside básicamente en su propensión a reducir la voluntad insumisa. Las prácticas ascéticas, muy adecuadas en sí mismas para fortalecer la voluntad, solo son útiles si capacitan a esta para poner en orden su propia casa —las pasiones— como preparación para ofrecer el propio ser completamente a Dios. Son necesarias como medio. Como fin en sí mismas serían abominables, pues si se conformaran con sustituir la voluntad por el apetito, no harían sino cambiar el propio «yo» por el diabólico. Con razón se ha afirmado que «solo Dios puede mortificar».

La tribulación desarrolla su labor en un mundo en el que los seres humanos buscan generalmente cómo evitar con medios legales el mal natural y cómo obtener el bien natural. Presupone, pues, un mundo así. Para someter la voluntad a Dios, es preciso tener voluntad. Por su parte, la voluntad debe tener sus correspondientes objetos. La renuncia cristiana no es la apatía estoica, sino la disposición a preferir a Dios antes que otros fines inferiores legítimos en sí mismos. De ahí que el Perfecto Hombre expusiera en Getsemaní la voluntad, la firme voluntad, de eludir el sufrimiento y escapar a la muerte si ello fuera compatible con la voluntad del Padre. Pero también manifestó una disposición absoluta a obedecer si no se pudiera hacer su voluntad. Algunos santos recomiendan una «renuncia total» en los umbrales mismos del discipulado. A mi juicio, esa exhortación solo puede significar una disposición total a soportar cualquier renuncia particular que se nos pueda exigir, pues sería imposible vivir sin desear un momento tras otro otra cosa que la sumisión como tal a Dios. ¿Cuál podría ser la *materia* de una subordinación así? Decir «Lo que quiero es someter lo que quiero a la voluntad de Dios» sería a todas luces una afirmación internamente contradictoria, pues el segundo *lo que* no tiene contenido alguno. Todos ponemos el mayor cuidado posible en evitar el dolor. El propósito, sumiso en el momento oportuno, de soslayarlo sirviéndose de medios legítimos está conforme con la naturaleza, es decir, con el entero sistema operativo de la vida de las criaturas, para las cuales está calculada la obra redentora de la tribulación.

Sería completamente falso, pues, suponer que el punto de vista cristiano sobre el sufrimiento es incompatible con la resuelta tarea y la obligación de dejar el mundo, incluso en sentido temporal, «mejor» de lo que lo encontramos. En la imagen más cabalmente parabólica del juicio, nuestro Señor parece reducir las virtudes a la beneficiencia activa. Aunque sería engañoso aislar esta descripción del evangelio en su conjunto, es suficiente para asentar de manera indudable los principios básicos de la ética social cristiana.

¿CÓMO MANTENER LA ESPERANZA CUANDO DIOS REITERA SU NEGATIVA A NUESTRAS PETICIONES DE AYUDA?

PERO ES POSIBLE que todo resulte bien. Es cierto. Mientras tanto tiene que esperar, esperar hasta que se conozca el resultado de los rayos X y hasta que los especialistas hayan completado sus observaciones. Y mientras espera, tiene que seguir viviendo. (¡Si se pudiera ir a escondidas, invernar, dormir al aire libre!). Y además están las horribles (para mí, pues creo que usted es más fuerte) secuelas de la ansiedad, el

---

Si Dios no escuchase. Cartas a Malcolm (del capítulo 8).

incesante y circular movimiento de los pensamientos, e incluso la tentación pagana de velar por los augurios irracionales. Y oramos, pero las mismas oraciones son principalmente una forma de angustia.

Algunas personas se sienten culpables por sus ansiedades y las consideran un defecto en su fe. No estoy de acuerdo en absoluto. Son aflicciones, no pecados. Como todas las aflicciones, son, si podemos considerarlas así, nuestra parte en la Pasión de Cristo. Porque el comienzo de la Pasión —el primer movimiento, por así decirlo— está en Getsemaní. En Getsemaní parece haber ocurrido algo muy extraño y significativo.

Ciertas personas se sienten culpables de sus ansiedades y las consideran una falta de fe. No estoy de acuerdo en absoluto. Las ansiedades son aflicciones, no pecados. Como todas las aflicciones, son, si podemos considerarlas así, nuestra participación en la Pasión de Cristo. El comienzo de la Pasión —el primer movimiento, por así decirlo— está en Getsemaní. En Getsemaní parece haber ocurrido algo extraño y significativo.

Se desprende claramente de muchas de sus afirma-
ciones, que nuestro Señor había previsto su muerte
desde hacía tiempo. Sabía a qué conducía inevitablemente, en un mundo como este que hemos hecho, una
conducta como la suya.

Pero es evidente que este conocimiento tiene que
haber estado de algún modo apartado de él antes de
que orara en Getsemaní. Él no podría haber pedido,
dejando a salvo la voluntad del Padre, que pasara de
Él ese cáliz y, simultáneamente, haber sabido que no
iba a pasar. Esto es una imposibilidad lógica y psicológica. ¿Comprende lo que esto implica? Para que no
faltara ninguna prueba a su humanidad, los tormentos
de la esperanza —del suspense, de la ansiedad— des-
cargaron sobre Él en el último momento (la hipoté-
tica posibilidad de que, después de todo, Él podría,
Él podría plausiblemente, ser librado del supremo horror. Había un precedente: Isaac había sido librado,
también en el último momento y contra toda aparente
probabilidad. No era completamente imposible..., y
Él había visto sin duda a otros hombres crucificados...

una visión muy diferente de la mayoría de nuestros cuadros e imágenes religiosos).

Pero para esta última (y errónea) esperanza contra toda esperanza, y la consiguiente conmoción del alma, el sudar sangre, tal vez Él no habría sido puro Hombre. Vivir en un mundo plenamente predecible es no ser un hombre.

Sé que se nos dice que al final apareció un ángel «confortándolo». Pero ni el verbo confortar, tal como era empleado en el inglés del siglo dieciséis, ni el griego ἐννισχύων significan «consolar». «Fortalecer» es una palabra más adecuada. ¿No podría haber consistido el fortalecimiento en la renovada certeza —débil consuelo este— de que la cosa debía seguir y, por tanto, sería?

Todos tratamos de aceptar con algún tipo de sumisión nuestras aflicciones cuando efectivamente llegan. Pero la oración de Getsemaní muestra que la ansiedad precedente es también voluntad de Dios y parte del destino humano. El perfecto Hombre la experimentó. Y el siervo no es más grande que su maestro. Nosotros somos cristianos, no estoicos.

Levanta, cuerpo mío, mi pequeño cuerpo, hemos luchado
suficiente, y Él es misericordioso; estamos perdonados.
Levántate, pequeño cuerpo, como una marioneta, pálido, y vete,
blanco como las sábanas, y frío como la nieve,
desvístete con tus dedos, pequeños y fríos, y apaga la luz,
y quédate solo, mortal acallado, en medio de la sagrada noche;
una pradera allanada por los latigazos de la lluvia, un vaso
limpio y vacuo, un vestido lavado y doblado,
descolorido, raído hasta lo andrajoso
por el lavado de la mugre.
No te vuelvas a calentar muy deprisa. Yace frío; consiente
la acuosidad del cansancio y el perdón.
Bébete esa agua amarga, respira la gélida muerte;
Pronto llegará el motín de nuestra sangre y aliento.

—«TRAS EL REZO, YACE FRÍO»,
MIENTRAS CAE LA RUINA Y OTROS POEMAS

¿No representa con claridad cada uno de los movimientos de la Pasión algún elemento común de los sufrimientos de nuestra raza? En primer lugar, la plegaria de la angustia, que no es atendida. Entonces se vuelve a sus amigos.

Los amigos duermen; como los nuestros, o como nosotros estamos tantas veces ocupados o lejos o preocupados. Luego mira hacia la iglesia, la iglesia verdadera que Él fundó, y lo condena. También esto es característico. En toda iglesia, en toda institución, hay algo que antes o después obra contra el verdadero propósito para el que nació. Pero parece haber otra oportunidad: está el Estado; en este caso, el Estado romano. Sus pretensiones son mucho menos exigentes que las de la iglesia judía, y por esa misma razón puede estar libre de fanatismos locales. Afirma hallarse precisamente en un nivel preliminar, profano. Sí, pero en la medida en que ello es compatible con la oportunidad política y la *raison d'état*. Uno se vuelve calculista en un juego complicado. Pero ni siquiera ahora está todo perdido. Queda todavía el recurso al

Pueblo, a los pobres y sencillos a los que Él había bendecido, a los que Él había sanado, a los que Él había alimentado y enseñado, a los que Él mismo pertenecía. Pero durante la noche se han convertido (lo cual no es nada infrecuente) en una plebe asesina que pide a gritos su sangre. No queda, pues, nada, salvo Dios. Y las últimas palabras de Dios, a Dios, son: «¿Por qué me has abandonado?».

Usted comprende qué característico, qué representativo es todo esto. La situación humana representada con claridad. Todo esto se encuentra entre las cosas que significan ser hombre. Toda cuerda se rompe cuando se la agarra. Toda puerta se cierra con un portazo cuando llamamos. Ser como el zorro al final de la carrera; las madrigueras están todas aseguradas con estacas.

En cuanto al último desamparo, ¿cómo podemos entenderlo o soportarlo? ¿Es que el mismo Dios no puede ser Hombre a menos que Dios parezca desaparecer en su mayor apuro? Y si es así, ¿por qué? Me pregunto a veces si hemos siquiera comenzado a

entender lo que implica el preciso concepto de creación. Si Dios quiere crear, quiere que algo sea, y que,
sin embargo, no sea Él mismo. Ser creado es, en cierto
sentido, ser expulsado o separado. ¿Podría ser que,
cuanto más perfecta fuera la criatura, tanto más lejos fuera empujada esta separación? Son los santos,
no la gente común, los que experimentan la «noche
oscura». Son los hombres y los ángeles, no las bes-
tias, los que se rebelan. La materia inanimada duerme
en el seno del Padre. La ocultación de Dios tal vez
abrume más dolorosamente a aquellos que desde otro
punto de vista están más cerca de Él, y, por tanto, Dios
mismo hecho hombre ¿será de todos los hombres el
más abandonado por Dios? Un teólogo del siglo XVII
dice: «Pretendiendo ser visible, Dios solo podría engañar al mundo». Tal vez Él reivindique a las almas
sencillas que necesiten la máxima cantidad de «consolación sensible». No engañándolos, sino mitigando el
viento que sopla sobre el cordero trasquilado.

Por supuesto, yo no digo, como Niebühr, que el
mal sea inherente a la finitud. Esta idea identificaría la

creación con la caída, y haría de Dios el autor del mal. Sin embargo, tal vez haya una angustia, una alienación, una crucifixión implicada en el acto creador. Sin embargo, Él, que es el único que puede juzgar, juzga que la consumación remota merece la pena.

Soy, como puede ver, un consolador de Job. Lejos de iluminar el valle oscuro en que usted se halla ahora, lo oscurezco.

Y usted sabe por qué. Su oscuridad me ha recordado la mía propia. Pero, pensándolo mejor, no lamento lo que he escrito. Creo que, en el momento presente, usted y yo solo podemos encontrarnos en una oscuridad compartida, compartida recíprocamente y, lo que es más importante, con nuestro Maestro. No estamos en una senda no hollada, sino, más bien, en el camino principal.

Ciertamente, hace dos semanas hablamos muy ligera y fácilmente sobre estas cosas. Jugueteábamos con fichas. Uno estaba acostumbrado a que, de niño, se le dijera: «Piensa lo que dices». Al parecer, necesitábamos también que se nos dijera: «Piensa lo que piensas». Hay que subir las apuestas antes de que nos tomemos el juego completamente en serio. Sé que esto es lo contrario de lo que a menudo se dice acerca de la necesidad de excluir las emociones de los procesos intelectuales. «No podremos pensar correctamente a menos que seamos fríos». Pero, si lo somos, tampoco podremos pensar profundamente. Supongo que se deben considerar todos los problemas en ambos estados. Usted recuerda que los antiguos persas debatían todas las cosas dos veces: una, cuando estaban borrachos; y otra, cuando estaban sobrios.

Sé que alguno de ustedes me comunicará cualquier noticia tan pronto como la haya.

FUENTES

Cartas del diablo a su sobrino, Rayo.

- «Parte 1: Asegúrate de que tus oraciones sean especialmente "espirituales"» está tomado del capítulo 3.
- «Parte 2: Debes creer que no eres un buen cristiano» está tomado del capítulo 12.
- «Parte 3: Trata las oraciones como pruebas de Dios» está tomado del capítulo 27.
- «Parte 4: Céntrate en tu estado de ánimo» está tomado del capítulo 6.

Cautivado por la alegría, Rayo.

- «¿Dependen nuestras oraciones de la profundidad de nuestros sentimientos o de nuestra intención?», está tomado del capítulo 4, «Ensancho mi mente».

Collected Letters of C. S. Lewis, volúmenes 2 y 3, HarperOne.

Cuando cae la ruina y otros poemas, Encuentro.

Los cuatro amores, Rayo.

God in the Dock: Essays on Theology and Ethics, Eerdmans; ebook, HarperOne.
- «¿Por qué pedirle a Dios si Él ya sabe lo que necesitamos?» está tomado del capítulo «Work and Prayer».
- «¿La oración requiere una introspección morbosa de nuestros pecados?» está tomado del capítulo «Miserable Offenders».

Letters of C. S. Lewis, HarperOne.

Letters to an American Lady, Eerdmans; ebook, HarperOne.
- «¿Cómo hacer de la oración una práctica habitual?».

Mero cristianismo, Rayo.

Los milagros, Rayo.
- «¿Cómo encaja la oración con la idea de la Providencia de Dios? ¿Cuando oramos estamos pidiendo milagros?» está tomado del capítulo «Sobre las "providencias especiales"».

Una pena en observación, Rayo.
- «¿Cómo orar durante el duelo?» está tomado del capítulo 4.

El peso de la gloria, HarperCollins Español.
- «¿Cómo dejar mis propios caminos y orar?» está tomado del capítulo «Lapsus linguae».

El problema del dolor, Rayo.
- «¿Podemos orar para evitar el sufrimiento si es bueno para nuestra alma?» está tomado del capítulo 7, «Más sobre el dolor humano».

Reflexiones sobre los Salmos, Planeta.
- «¿Cómo ser como David y deleitarse en la oración?» está tomado del capítulo 5, «La belleza del Señor».

Si Dios no escuchase. Cartas a Malcolm, RIALP.
- «¿No es presuntuoso llevar nuestras preocupaciones ante Dios?» está tomado del capítulo 4.
- «¿Cómo asegurarnos de que es el verdadero "yo" el que está ante el verdadero "tú" en la oración?» está tomado del capítulo 15.
- «¿Cómo entender lo que el Nuevo Testamento enseña sobre la oración?» está tomado del capítulo 11.

- «¿Cómo mantener la esperanza cuando Dios reitera su negativa a nuestras peticiones de ayuda?» está tomado del capítulo 8.

The World's Last Night, and Other Essays, HarperOne.
- «¿Se puede demostrar que la oración funciona?» está tomado del ensayo «The Efficacy of Prayer».